許常德 著

不寂寞也不愛情

你是這樣的人嗎？

作者序

CH1 寂寞很好

CH2 可不可以不要

CH3 在一起的另一種選擇

◉作者序

婚姻和單身以外的第三選擇

相愛就是相處，相愛以外最好獨處；
獨處的生活越豐富，愛會越滿足。

❖

不寂寞也不愛情，指的是一群龐大的新族群，他們都有伴，
所以不感到寂寞；他們壓力都很大，也很忙，所以沒有愛情。

❖

不管你是不是這樣的人，已越來越多這樣的人。
這不是壞消息，別看到不愛情就感到悲慘，這是個新族群，
有人會不適應，但一定有人會發展的很好。

❖

不寂寞，你會想到什麼？
不愛情，你會以為是什麼？
寂寞和愛情都是你個人的事，你應該自己定義。

❖

活在這時代，我們很幸福，又多了一個不寂寞也不愛情的，
第三選擇。

CH1 寂寞很好

牛郎織女七夕在鵲橋相會的故事早已告訴我們，
沒有累積足夠的寂寞，
在一起的意義又是什麼？

沒有這些看似缺陷的寂寞，或許人們就不會追求愛。
耐得住寂寞的人容易成功，因為闖過寂寞難關後總能發現寶藏。

寂寞很好

大多數人都單身過，應該都知道單身時的寂寞，但是婚姻裡的寂寞，你可曾體會？

當你即將步入禮堂，卻意外發現對方有外遇，而你不知該怎麼做。是假裝什麼都沒發生繼續往婚禮前進？還是不給壓力和不下批判的理性對談？——找不到人訴苦，和渴望找個人愛的寂寞是一樣的，都希望自己的問題被理解，甚至被解決。

你寂寞嗎？

少量的寂寞會誘引人們起身尋愛的衝動，更可促進身心均衡，為生活增添些許挫折的調料。過於一帆風順的感情未必是好事，小心這安穩的盡頭是平淡無味。沒有這些看似缺陷的寂寞，或許人們就不會追求愛。

有人寂寞會哭，有人會去酒吧碰運氣，有人會盛裝出席交友活動，有人狂吃，有人狂購物……就像有人牌技上癮，有人非打不可，有人忍忍就過去……這些癮大多是一時的，除非生活沒別的重心，不然有什麼好難受的。

你如何解決寂寞？尋歡？閱讀？旅行？逃避？每個人都在嘗試消解寂寞，不管你選擇哪一種，都會有後遺症，最壞的下場就是更寂寞。

為何會有後遺症？因為人總是不滿足，沒嘗過，就想嘗；嘗過的，會想再嘗一次。寂寞有時還真像舌尖上的辣，越是喝冰水解辣，越是激化辣味。雖然喝的時候很爽，舌尖彷彿被冰水凍到失去知覺，但一秒後，辣感甦醒，而且在經過冰水的刺激後彷彿更放大了。於是，我們又喝更大量的水解辣，如此反覆後，肚子很快就喝脹，但辣味還是無法消除。

其實辣味只需忍個幾秒鐘就能品味出它的美味。吃辣，不就是要體會辣的絕妙嗎？所以不要怕寂寞，寂寞亦可品嘗，雖然味道有時辛辣無比。

寂寞如同辣椒，可為漫長瑣碎多變的人生提味，那種味道能讓你發現自己的重要，你會非常重視自己的感受。情歌裡很多這樣的味道，聽多了，會釋放些許壓抑，也可能變成加倍的陶醉。

寂寞如同廣大的薄冰覆裹著火熱的心，感覺世界離你很遠，而你孤單一人。但寂寞之人大都不知道自己為何寂寞，是需要一個人的愛，還是要多交幾個朋友？其實寂寞並不是單一情緒構成，它是眾多情緒堆積而成：不被瞭解、生活困頓、溝通不良、感覺已淡、壓力太大、新的目標等……縱使你擁抱他人，那也僅是滿足了愛情，其他與愛無關的寂寞可能還在那裡騷動著。

寂寞也似一尊佛，祂要人們偶爾與心靈對話，所以每隔一段時間試著與世隔絕，與孤獨對話。至於該說什麼好呢？只要別騙自己，切忌囉哩囉唆，最好聰明有趣。

寂寞既複雜又難以根除，就像世界到處充滿塵埃一樣。既然無法完全清除，不如與之好好共處。它不全然是我們的敵人，它有可能是挖掘內心深度的貴人。耐得住寂寞的人容易成功，因為闖過寂寞難關後總能發現寶藏。

不寂寞，也不愛情

當你連寂寞感也消失，別忽略這警訊，
那很可能是在警告你，愛情早已沉睡。

一個新的族群正在竄起。

這群人長期被忽略，因為大家都認為他們的感情命運已塵埃落定，死會了。而這群人，不寂寞，也不愛情。

什麼是不寂寞也不愛情？因為枕邊人在身邊，所以不寂寞；兩人有各自生活與工作，所謂的愛情、細膩的感覺、浪漫的初衷，早已消逝，也沒人問起，就這麼毫不在意地過日子。

直到有一天，才發現愛情的感覺來自於生活的基礎，當你一個月、一年、十年……不曾說「我愛你」時，就有可能永遠不會再說了，愛的念頭也就此了斷，你會發現，愛情空間已被你認為更重要的東西給替代了。也許是你的孩子、你的夢想或你們共同製造的沉重貸款，以及非常不得閒的工作。

不管你已婚或未婚，任何固定關係久了都會很形式化。有位老公，二十年來每天固定在下午四點打電話向老婆問安。對很多人來說，這老公太完美了，但這老婆的感受卻是，雖感激，也壓力很大。對她而言，這問候更像上班打卡，少了驚喜，如同婚姻少了愛情。

也許你會說，什麼是愛情呢？婚姻（或固定關係）裡的愛情，要能刺激彼此的賀爾蒙，再燃追求的欲望。渴望就是愛情，但要純粹的渴望才行，那些夾著懷疑、占有、爭奪、緊纏的渴望都不是愛情，只是附帶太多條件的變質欲望。

不寂寞，也不愛情，你是不是也屬這個族群？

或許，小三就是在不寂寞也不愛情下誕生的，這還引出幾個思考點：⑴沒有愛情不表示不需要愛情，⑵不要愛情不表示你允許對方追求愛情，⑶你該如何面對你的愛情不見了？

大家都恨小三，但試想，若你在其中，要如何面對？傳統一再告訴我們，步入婚姻後就要負責任，就要有所犧牲，而愛情終將不

愛情是現實的。你給不了，沒人接受你；
你要不到，也沒人同情你。

見，它會昇華成親情。但，真是如此嗎？這種拐彎抹角的傳統老話，真正要表達的是無能為力，所以才要你認命。如果這話真有道理，不就是要犧牲愛情？不就是告訴大家，愛情只有在婚前才存活？

有人想出家，有人想結婚，有人想單身，有人想同居但不婚……要不要愛情，當然是自由選擇，只是，千萬不要選擇以後，卻一天到晚懷疑另一半有沒有愛情。愛情就是這麼現實，你給不了，就沒人接受你，你要不到，更沒人同情你，愛靠的就是真材實料的魅力，誰下了功夫，誰真情流露，誰才有機會告訴我們愛情是什麼滋味。

時代快速轉變，前人不重視愛情，不代表新人要繼續走這條老路。為愛情著想不是自私，而是真正肯面對乾枯的愛情關係。當你連寂寞感也消失，別忽略這警訊，那很可能是在警告你，愛情早已沉睡。

為何會渴望寂寞？唯有當你不寂寞也不愛情時，你才會體會到寂寞是如此重要。沒有寂寞的陪襯，愛情不會現身。

你渴望寂寞嗎？可想過寂寞是尋愛的舵手，沒有寂寞的指引，那勾動心魂的火苗不會出現……

一個人很幸福？

或許是因為已婚的感情都沒什麼好範本，
才讓單身的人覺得一個人比較幸福。

情人節一到，友人聞知幾位身邊的情侶，為了去哪裡過情人節吵來吵去，就說：「還是一個人比較幸福！」

我立刻接問：「哪裡比較幸福？」

友人劈里啪啦說了一堆：「不用跟人交代的幸福、可以自由出去找朋友的幸福、不會被疑神疑鬼的幸福、不用一定要做愛的幸福、毋須幾點前要回家的幸福、不把幸福規格化的幸福……」

聽來像是情緒上的發洩，但仔細思量也不無道理，或許這些告解還真值得情侶和夫妻們面對。為什麼步入婚姻後就不能兼得一個人生活的好處？還是自古至今剪不斷理還亂的感情問題，都肇因於始終逃避的態度？

友人還說，恢復單身後，他就領悟到一個人的寂寞其實沒有兩個人的寂寞那麼深。因為一個人的寂寞很單純，可能就是想找個「對的人」的孤獨，而兩個人的寂寞所牽涉的問題，卻是雙方心理、生理、家族、孩子、財務……等等找不到共識體諒的寂寞。這龐大的寂寞最後還是用傳統的思維來做總結——以不離婚為前提。我們總以為保有婚姻是善盡責任，所以我們忍耐、壓抑、認命，到最後防線潰堤，火山爆發，變成彼此都無法收拾的狀態。

每個人相愛，都是以「想讓對方幸福」為起始。只是，前人都沒有提醒我們，「給予」除了讓人滿意也會讓人貪得無厭。到底是付出重要，還是引誘對方為自己付出比較好？真要保有海闊天空的舒適感，就必須真誠信任和少點重擔！

最好的信任就是包容，但在兩人關係裡見到的卻盡是猜疑。依恃傳統和道德約束向對方尋公道，只有顛倒不通的邏輯以及不清楚的混亂。不論男性或女性、夫妻或情侶，都存著不被信任的壓力，所以才有人連跟朋友去唱歌都要撒謊，要不就是先斬後奏。偶爾想獨處，還得偷偷摸摸，深怕對方起疑。沒有空間，沒有溝通……最後這些不起眼的小問題終將滾成大雪球。

每個雪球都是重擔。男性的重擔是，要持續把錢按時帶回家、要多點時間陪家人、要把性功能照顧好、要當個好爸爸、好丈夫、好女婿……。女性的重擔是，除了當管家，還得做個偉大的媽媽、擔心老公外遇又怕家庭經濟出問題、和男性一樣要上班、也要和男性一樣拒絕感情的誘惑……。

時代不同了，男性會遇到的婚姻問題，女性也會有，所以雙方的問題已是加倍承受。這也是離婚率攀升的原因。

兩個人的幸福真的很美，令人嚮往。但如何才能讓它不變成兩個人的噩夢？

越少規定會越幸福，越少期待會越輕鬆。

不做愛，不表示愛不見了，反而是為做愛而做愛才傷感情。既然大家選擇兩個人共同建立愛的王國，就不要在沉重的制度中雪上加霜。如果此時有五個難題要解決，就先解決其中一個，不要管什麼面面俱到。

讓自己先快樂，才是為兩個人的幸福負起最基本的責任，不然，你想要的一切都是妄想。

我想，或許是因為已婚的感情都沒什麼好範本，才讓單身的人覺得一個人比較幸福。

婚姻未必是兩個人，單身未必是一個人

街上人來來往往，有人不想回家，
有人渴望一個家；
家裡或門外都可能有冷空氣侵襲，
已婚和單身的人都可能感到失落。

到了適婚年齡的單身者最常被恐嚇的一句話：「老了，沒伴怎麼辦？」通常我會回應：「老了，再找也不遲。」

你可能會問：「老了誰要你，每個人都想找年輕的。」是嗎？年紀是關鍵嗎？還是魅力，才是決定有沒有人願意陪伴你過完餘生的條件？

有錢，是一種魅力；獨立，是一種魅力；體貼，是一種魅力；有耐心傾聽別人說話是魅力；信用是種魅力，說話公道絕對是魅力。但過於強調自己以為的責任感不是魅力，因為別人的人生不一定要你負責；心軟不是魅力，緊迫盯人不是魅力，唉聲嘆氣不是魅力，大聲小叫不是魅力，不溫柔絕對有殺傷力，財務短缺更是岌岌可危。

婚姻裡，夫妻有時是兩個人，有時是三個人，有時是一個人；單身時，未婚的兩個人也有很多可能。

感情和婚姻，不一定就會天長地久、永遠恩愛；離婚不一定不好，離了不一定就不能變朋友；不結婚未必就會分開，結了婚也未必就不會分開。

人在確定關係後或在婚姻裡，總是要很明確的東西。要承諾、要忠貞、要溫柔、要面子、要裡子……殊不知這些東西都很模糊，而且真的是都能要到的嗎？難怪大多數人都不知道對方要什麼，難怪要來的都不懂如何珍惜和享用。

要人愛你，靠的是魅力。

有魅力的人，從不乏追求者，更不缺朋友，尤其是生活上，一定有自己能安身立命的重心。反之，缺乏魅力，你就算把全家人跟你綁在一起，也可能讓家人對你疏離。

一般人要老伴，無非是想把自己空虛又滿身病痛的晚年，交給另一半照顧，這是何等殘忍又自私！沒有錢做基礎的養老計畫，你

的老年就會比初入社會的年輕人更慌張，因為靠別人來照顧的人生本來就很不負責任，對雙方都不公平。

單身的人可能因為長期靠自己，所以生活過得比較「營養均衡」，有朋友、有夢想、有事業、有情人，就算沒有情人，也只是偶爾寂寞。不用放大寂寞的嚴重性，沒有寂寞，就不會有追求的衝勁。你有想過婚姻裡的寂寞是怎樣的狀態嗎？

或許，人只能獨善其身，你頂多讓另一個人陪伴你或從你心中經過。如果兩個人要長此以往，如己所願的相處，就必須不堅持己見，但必須有自己的靈魂，不然你的付出，就只是在享受付出帶來的滿足感，體會不到對方並沒有接受的空間。

街上人來來往往，愛情的夢，穿梭在這些人心中。有人不想回家，有人渴望一個家，家裡或門外都可能有冷空氣侵襲，可見婚姻不一定如你想像中美好。這並非意指我們不需要家的存在，而是想讓家充滿生氣，就不能只是空等待幸福來敲門。

想結婚嗎？可以，但你不能以為可以一勞永逸；想單身嗎？也行，畢竟不是每個人都覺得婚姻是必需品。

認命是悲慘的，因為你不開心，又感到無能為力。已婚和單身的人都可能感到失落，因為只要你不願花時間呵護你的心和情，你的絕望，就算翻過牆去，也不會變成希望。

露出性感的事業線極可能只會勾引到男性欲望，
未必能勾引他的心及對妳的尊重。

女追男，別靠事業線

當剩女越來越多，當結婚的女性越來越少，男性的需求量就會越來越大，因為每個女人可能不是一個男人就夠，這一生可能需要多位男友。

雖然已是二十一世紀，女性經濟已不需靠男性供給，但傳統的感情觀念仍像緊箍咒般框在女性腦袋上。傳統道德不鼓勵女性主動出擊，希望女性應像高中舞會一樣，乖乖坐在牆邊，等待男同學來邀舞。而女同學還得意志堅定，只能從中挑選一個。

所以，女追男的歷史遠不及男追女的歷史，所以，女追男的方法老套又不切實際。

常見的女追男方式就是露出胸前的事業線。但我可警告妳，露出性感的事業線極可能只會勾引男性欲望，未必能勾引他的心及對妳的尊重。

或許妳會說，男性就是視覺性動物，先勾引他的欲望，再勾引他的心，有何不對？

這或許也是一種方法，但我還要再提醒妳，男性在挑選妻子和女伴的標準是不同的。就像女性在挑選丈夫時，可能會考慮對方是否顧家、經濟基礎是否穩固、對自己的父母是否孝順、是不是居家型男人、健康狀態如何……

如果你是想挑一位以結婚為前提的男友，就不能不考慮男性選妻子的標準有哪些。

追，其實就是一種目的性的獻殷勤，以給對方好感為目標，以讓彼此有機會更進一步談心為原則。主動的好處是，不用讓別人決定你的幸福，如果妳認為女性主動追求就是不守婦道，那只證明妳是個過時的女性。

至於追的方法，當然是以真誠為基礎。不用過度包裝妳的優點，也不要刻意隱瞞妳的弱點或缺點，因為妳自認的優缺點未必是對

方認定的優缺點。出招，首要條件是讓對方感動，而非炫耀。男性對於太完美的女性有可能會卻步，對於太耀眼的條件可能會擔憂，適當的弱點會引來男性的愛憐與照顧，沒有壓力的優點才能點亮往後的緣分之路。

愛，就像黑夜的燈塔，總是在黑暗的寂寞裡創造愛的追尋，追尋之人看不到黑暗的細節，但細節才是往後你們在一起的真貌。人和人之間的感情基礎靠的是累積足夠的感動，而不是曾經創造多麼亮麗的舞臺。

所以，遇到有感覺的人就主動追吧！但追也需要累積經驗，千萬別以為男人只有一種。想一想男人追女人的方法有多少，而其中有多少是有感覺的，將心比心，別想一勞永逸。

人海茫茫的一生中，哪一個才是妳的意中人？

其實，追的過程可能是感情歷程中最美味的階段，有妳付出的痕跡，有互動的可貴，有緣分逐漸創造的期待……當這條路慢慢清晰時，愛就不會空白，妳的寂寞才有機會找到出路。

這個時代，女追男非但不會讓男性害怕，甚至會讓男性感動，真要讓男性反感，那也不錯，表示妳不用浪費時間去追他。追，當然不能勉強，勉強來的愛遲早會崩盤，最糟的是會讓妳醒不過來，深陷其中。

不過，可以告訴妳一個祕密：累積足夠的追求經驗可能會讓妳更清楚自己要什麼。許多女性即使結了婚，仍不知自己是為何而結，也不明白自己愛對方什麼，因為她們都是為結婚而結婚，為擺脫寂寞而填滿寂寞。

讓男人更愛妳只是種手段

讓男人更愛妳只是種手段，
真正的目的是讓妳成為充滿魅力、
能自主人生，不靠別人垂憐的堅毅女性。

讓男人愛妳的方法很多種，只可惜女人都愛被動的猜疑和等待，從不主動地採取科學的方法。基本上，人在談戀愛時都是個騙子，隱瞞不想公開的部分，壓制湧泉般的愛意，粉飾身家，滿臉笑意，計畫未來，準備控制……。這些裝扮好的禮貌，為的只是希望這場大戲能有個好的開場，但這些計謀靠的還是傳統的老套，使用者幾乎沒驗證過，甚至從不懷疑自己中了圈套，所以失敗者一向比勝利者多，而且還很難從失敗中吸取經驗。

所以我們要有新的實驗性格，彙集各類專家的建議，採訪真人實事，讀取各類感情調查數據，最重要的就是要得知對方要什麼？在乎什麼？能付出什麼？這些瞭解不僅可以幫妳提高成功機率，最重要的是可以好好上一堂關於人性的課。

首先，愛只有在輕鬆的氣氛下才能開得美豔。愛是嬌貴的客人，不能慌亂、忙碌和命苦。所以，讓男人想到妳、看到妳時就感到輕鬆愉快，就是妳第一步要做到的。以下就是可能讓男人不輕鬆的一些舉止，例如偷看他的手機簡訊、打電話查問他的行蹤、控管零用錢、向他的朋友探聽他的事情、大吼大叫、不斷翻舊帳、批評對方父母、像強力膠一樣黏人、愛哭鬧、愛吃醋……這些可怕的畫面都讓人感到壓力重重，難以呼吸。

其次，妳要成為一個獨立的女人。獨立，同時也代表妳不會過度依賴。伴隨獨立而來的，還有很多意想不到的好處。妳可能會有自己的生活和社交圈，吃飯不一定要誰陪，還可以跟女性友人盡情逛街。經濟獨立，妳在男人面前絕對有優勢，可以花錢請男人吃飯的女人，就有跟他說不的權利，不必像一心仰賴男人給錢的女人，即使發現老公已如殘屑般，還得靠他過完餘生。有志氣、有實力的女人，在哪個時代都能意氣風發！

讓男人更愛你只是種手段，真正的目的是讓妳成為充滿魅力、能自主人生，不靠別人垂憐的堅毅女性。婚姻裡傳達的包容其實是忍耐，忍耐是一時的，它代表的是逃避和無知的恐懼。賢妻良母

不再是唯一選項，依樣畫葫蘆就可能過時。不能為自己的感情生活量身訂作，就需住進這個尺寸不合的大宅院，裹著智慧的小腳，蹬上令人矚目的大花轎，來到言語尖酸的牌桌上，跟一群看不得別人好的女人大打一仗。

只要能脫離這樣的地獄，妳就能穿著拖鞋來到現代的沙灘。男人只是妳人生的一部分，跟朋友一樣重要，像青春一樣美妙，讓他更愛妳，是為了讓自己的心開出一朵花！

你以為你愛他

你是想愛他，但這個意願有可能也過期了，
你心底怯怯的遺憾是，你想到了愛情，卻只能憑弔。

你以為你愛他，其實不然，你只是習慣他的存在，即使過程中偶有難受，也會習慣；你以為他愛你，其實不是，他只是怕沒有他不行，即使過程中偶有開心，也只是再平常不過的小事。習慣，最常被人們曲解成愛。

我們的愛，有時處在睡眠狀態——以為陪在他身邊就是愛，以為默默為他做些家事就是愛，以為孤單在外打拚賺錢就是愛，以為照顧他的家人也是愛，以為長久不變的這些事都是忠貞不變的證據……。然而，這些都只是生活瑣事，愛沒有一點超越現實，都是山寨版的愛。直到關係破碎、感覺不對了才突然醒來，發覺真相竟是對愛滿滿地需要。

愛不是個人可以單方面操控，它的標準也不該低到只是做些個人感覺良好的家庭瑣事。愛的出現是那麼偶然又讓人急於想捕捉，一如蝴蝶從不起眼的蛹中破殼而出，那種令人驚喜的反差，勾引出人最深層的貪念……想獨占牠。當你想永遠保有牠，卻只有口

號般的方法時，會發現，你根本對壽命短暫的蝴蝶束手無策。於是你把玩著如蝴蝶輕舞般的愛情，時而任性又瘋狂，時而敏感又恐慌，時而矛盾又疲乏，時而算計又無知，時而退卻又苦情，時而錯估又躁進……但蝴蝶的脆弱是禁不起這樣反覆實驗的。漸漸地，不是枯死，就是被製成標本放在人來人往的櫥窗，供人品頭論足。

習慣會讓生活平淡，雖然平淡是生活中重要的地基，但若沒有細膩的浪漫提味，平淡只會讓人黯淡。

愛情雖然有期限，但它並不是食品，它只需要換個電池就能重新啟動。一如年復一年的聖誕樹，每年總要買些最新的流行燈飾，樹下放上令人驚喜的禮物，刻意妝點出初戀時的繽紛。儘管不是百分百原味重現，儘管可能只是短暫推出復刻版，都可能讓愛情重生。千萬別小看這樣的舉動，它可能會溫暖你平淡無奇的感情

你以為你愛他，其實你只是怕沒有他不行。習慣總是被曲解成愛。

生活很長一段時間。

但也不是時時刻刻都要細膩的愛，那樣持續不斷的細膩只會變成煩人的麻木。感情細膩和神經大條是對怨偶，沒有對方為伴都顯得偏執，如何讓兩者存乎心中變化自如，就需要智慧。這智慧就是讓自己在飽與餓之間流連，永不偏袒誰。

也許你覺得這分寸很難拿捏，但這就像寫作一樣，必須常常動筆，才能琢磨出想要的字眼。一般人常說感情需要經營，都只是嘴上說說，毫無辦法，真要他講細節，也只是說些過時的道理。真要經營，就必須拿出行動，像買衣服一樣，不花錢、不花時間、不經過失敗，屬於你的幸福就不會到來。

你以為你愛他嗎？是的，你是想愛他，但這個意願有可能也過期了，不然生活不會那麼乏味又不知如何是好。在許多夜深人靜的孤單時刻，在偶爾遇到讓你突然心動的人身邊，都會勾起你心底怯怯的遺憾，這遺憾是你想到了愛情，卻只能憑弔。

傷感，往往是你的情思開始細膩起來了。

可見你還沒真的絕望，或者你本來就該在意自己在每一天中，暴躁的情緒是不是該少一點，那些你關心的人，是不是能試著少控制他們一點，是不是你就是那種給別人愛卻不管別人是不是滿意的人，甚至你對於絕望的關係有沒有勇氣放下？不要以為你的不幸都是別人造成，或許你才是壞事的最大始作俑者。

你以為你愛他，結果，你連審視自我的氣度都沒有。

沉溺的愛不是愛

愛是相互關係，是最基本的尊重，
做不到這點，跟強姦犯有何兩樣？

會沉溺感情的人，沉溺才是他在乎的事，對象是誰不重要，對他而言那只是個充氣娃娃，長相不同無所謂，觸感是塑膠也沒問題。只不過，他也不是一點理性都沒有，所以才能在他堆積的幻象裡，編織細密的謊言、精準的假象，讓一堆人捲進這真戲假做裡。

怎麼從沉溺的狀況脫身呢？

勇氣是唯一的路子。承認沉溺的勇氣、承認自己讓一切變得複雜、承認那些看似情有可原的謊、承認自己破壞了原本單純的關係、承認這跟愛都無關、承認性格才是讓寂寞變成沉溺的病源。

當你身邊有一位沉溺在自己的想像、把你愛得要死的人，小心你的朋友提供奇怪的建議：要你體諒他「愛太深」。但這體諒聽來像是婦人之仁，以為暫時的緩解能從此讓他獲得解脫，但這是不可能的，對方反而會越陷越深，還會以為你在給他機會。沉溺最大的特色就是只接受自己的幻想，真正殘酷的現實他一點都不愛，因為這根本就不是愛，只是毒癮般的欲望而已。

不如絕情地打醒他吧！

有些人不敢，怕這麼做可能逼人走上絕路。信不信？這些瘋狂的愛慕者也深知社會大眾心理，所以利用自殺來恐嚇別人也時有所聞，但他想自殺也並非是誰的責任。一個會以性命相逼的人，本來就不足取，如果我們還要為這樣的人找藉口，就等同支援這些人用暴行去脅迫別人愛自己。這是何等病態的退步思維呢？

就算這個人曾跟你海誓山盟又怎樣？逼一個已經不愛你的人和你結婚，害的不只是你們兩人，你們的親朋好友和下一代也會捲進這場混亂的關係裡，下場可想而知是多麼荒唐。

要打醒對方，需要理性，但不要衝動也不要動怒。因為這樣的人可能會說些模稜兩可的話讓大家誤解，他也會演弱勢的一方，好像他都在委曲求全，他甚至會忍不住為你做些好事跟小事，讓你和別人都看到他為你布置的小幸福……。他還會在任何有機會的隙縫裡對你投懷送抱，趁你喝醉或心情不佳時讓你掉進他的陷阱，最壞的是大家都以為這是「愛」而原諒了他的惡行。

這看似充滿勇氣的愛，其實很虛假。

勇氣在愛情裡，怎樣運用最漂亮？我覺得是把他想從你這裡得到的幸福實現，而非你為他做了什麼犧牲。犧牲，大都是錯估的結果，並非為愛而勇敢，或許他真的沒辦法控制自己的情緒和行為，所以大家的理性就變成唯一可以拯救他的武器。真的，這都不是愛。

虛偽，並非做假那麼簡單，有可能是栽贓那麼可惡，把自己的私欲說成是別人誤導或傷害，最後還想得到貼心的安慰。把這樣的「愛」當成正常情緒的，就是笨蛋，笨蛋一旦自以為正常，那嘴臉是多麼滑稽可笑。

愛本應是相互關係，是最基本的尊重，做不到這點，跟強姦犯有何兩樣？

欲望是山寨版的愛

單戀的一方，只是戀上自己想像的欲望——
如同抽菸，既不美味更對身體有害，卻戒不掉。
這哪是愛？這欲望充其量只是山寨版的愛。

到底我們是先愛上一個人的外表，還是靈魂？或者，其實我們是愛上自己的想像，只是我們不願意承認。當天雷勾動地火之後，有人提早沒感覺，有人還很強烈，難道沒感覺的一方就是寡情薄愛嗎？而單戀的一方，只是戀上自己想像的欲望——如同抽菸，既不美味更對身體有害，卻還是戒不掉——這哪是愛？這欲望充其量只是山寨版的愛。

可就有人反駁，想那麼透，還能愛嗎？這就好比有人問我，天天寫稿，不會寫乾嗎？不會的，腦袋只有不用才會枯乾，越用只會越靈光！就是有人看不透才愛，才會有那麼多慘兮兮的人們。看透，若因此變得不敢愛，是因為你還是選擇懦弱地瞎著愛。

那些連開始都還沒開始就說是愛的人，只是毒癮般的欲望作祟。連對方都不熟，甚至連手都沒牽過，就愛上對方，這愛不過是你被對方吸引的單向能量。真正的愛，要有良好互動才算數。只有你愛，對方不愛，這愛在對方身上就是壓力。

沒認知到這不是愛，就有可能深陷危險的糾纏。這危險深處有個黑洞，能讓你的欲望燃燒，當疼痛發作時能延緩傷痛，暫得美夢。在這夢裡，你雖然一樣翻滾喊苦，至少還擁有虛幻之夢。害怕醒來，是你唯一的憂慮，所以你會相信平時不會期待的奇蹟。即使希望再渺茫、再不合理，你仍會說：大不了為愛一死！

沒有這樣的認知，你仍會繼續犯錯，把不好的結果都歸罪對方不如你珍惜愛、在乎愛。

友人許久沒談戀愛了，所以碰到一位感覺對的人就小鹿亂撞。我說這亂源，就是想占有，想一勞永逸的得分。愛就是現下最真、最單純的感受，戀愛中的人哪還有時間對未來恐懼，會恐懼，就不單純了。內心不安，是因為不單純讓你不安！不要占有，就沒什麼好怕，人都是被占有嚇跑，因為占有會衍生出很多可怕的嘴臉而不自知。

我三十歲，我沒做過愛

傳統觀念不關心個人需求，只滿足眾人期待，
而這期待充其量只是制式標準和無聊八卦，
談不上什麼關心。

有個網友在微博上問我：你們中年人還會自慰嗎？

他說他三十歲了，沒交過女朋友，也不是同性戀，所以沒有和女人做過愛。他是《中年男人地下手記》的讀者，很想知道自己是不是正常男人。他讓我想起多年前認識的同行友人，那友人當時已年過三十，沒戀愛經驗，每次性欲一起就自己解決。我跟他說，有性經驗還是很重要，但他那時回我：「我的想像也很逼真啊！」

事隔十五年，再次相遇，友人已結婚，並育有二子。我們提到當年往事，他說，直到現在仍會自慰，尤其婚後壓力大，他常覺得，夫妻做愛不如自慰來得輕鬆歡愉。

每個人想要的性愛不同，有人喜歡狂野，有人重視氣氛，有人有特殊癖好，有人很害羞，有人很古板……畢竟這事兒本來就不該統一標準。

我答覆那位網友，沒有女朋友，表示你還不需要女朋友。能滿足性欲的型態，就是適合你的好型態。

他又問，三十歲沒做愛是不正常嗎？

如果說，三十歲沒做過愛就不正常，那幾歲才正常？還是這個想法其實就很不正常？將人的生活如同花園的園藝制式化看待，或許才是最病態的地方。

其實，越來越多的宅男宅女不需要婚姻和戀愛，他們的生活重心都在網路上，網路上的交談多元又不彈性，這種生活型態將產生一群越來越自我的族群，他們不喜歡複雜的人際關係，甚至不愛出門，就變得越來越宅了。

我反問：你會羞於告訴別人你沒做過愛嗎？

他說，要不是在網路匿名，也無需把照片登上，他是絕對不會承

認這點。現實生活中，他總說有過女朋友，甚至還在同事和家人面前，帶過一位假女朋友出現。而這位假女友也有一樣的問題，大學畢業後就被逼著相親，而那位男網友也在她的親朋好友面前當過假男友。

每次碰到年輕人被質疑自己是否正常，我就替他們感到痛心，因為這是觀念欺人，更痛心的是，這些給予壓力的人都是你的親朋好友。傳統觀念不關心個人需求，只滿足眾人期待，而這期待充其量只是制式標準和無聊八卦，談不上什麼關心。

所以我最後是跟他這麼說的：快不快樂，滿不滿足，由你裁奪，不必徵詢別人同意。

想結婚的人，看的是能力和意願，不能靠傳統。

前人對於婚姻和戀愛的需求，和這一代不同，不然老一輩為何不持續纏小腳？可見時代一直在進步，一直在變化。

從醫學角度來看，醫藥越來越發達，壽命也在增長，老化漸漸遲緩，也就是說，若這一代平均壽命八十歲，現年三十歲的人，未來可能會破百歲，而七十歲時的健康情形和年輕樣貌，還會比現在五十歲的人還年輕。若以此標準，五十歲才是適婚年齡，現在沒有戀愛的對象，就非常正常了。

讓我們約會就好

很多已婚的人可能早就忘了約會時的輕鬆和興致。
那時的感受都充滿好意，
沒有太複雜的索求和沉重的未來期望。

當歌唱選秀熱潮漸退時，另一個浪頭過來了，那就是姻緣配對節目，也就是俗稱的交友節目。看這樣的節目，不用拿放大鏡看，管他們是否有事先寫好的腳本，重點是這樣的節目提醒了大家：「你是不是少了一個伴？」

於是現今的交友節目，不論男女，素質和外型都有一定的水準，因為這是偶像劇的商業推論，俊男美女總是會衝高收視率，尤其是有關愛情和婚姻的節目，沒有給你夢幻般的泡影，氣氛就好像少了什麼，總覺得不對勁。

其次，他們會在節目類型下功夫，特別凸顯現實的條件，比如存款、職業、有無海外求學經歷、家世、背景等，這些條件誘人，就算永遠高攀不起，也想窺探優勢男女的想法。

當你看到那些參與錄影的人提問時，這些問題可能才是製作單位最刻意安排的部分。電視台為了讓節目有亮點，會安排發問的順序和導向，當然這些問題或許也有從參與者口中彙整過，只是這些素人被下過指令後的表達就會顯得呆板。

最後的勝選，無非還是回到個人喜好上，因為魅力總是比危險有力道。你喜歡這兒的某些味道，就算錢少了點、衛生習慣不太好、長得太高或太矮、職業寒酸……可能都不是問題，反正跌破眼鏡和追求過程困難重重都會衝高收視率，難怪晚間黃金檔連續劇布局總是勾心鬥角的。

你認為參加這樣的節目會比較容易找到另一半嗎？還是你覺得滿好玩的，不用一開始就把選伴想得太嚴肅？選男女朋友和選結婚對象的標準和態度可是差別極大的！對於大多數人來說，婚姻，雖是為了自己，當其他人的期待也列入考慮，就有可能形成非常現實又極不合理的局面。比如企業合作的婚姻，只是為了讓企業更壯大。

不是每個人都能自由自在地選擇自己的另一半，那些不想婚卻被逼著相親的人、還想過幾年單身生活的人、同性戀者、有特殊性癖好的人、因不許和其他不同信仰結合的人……看在這些人眼裡，這節目就像是遙遠的諷刺，好像大家都能自由選擇似的，不是嗎？

你想約會嗎？或者，你只是想約會，並不想結婚？

以結婚為前提的交往，對於現代人來說，乍聽是很動人的，因為好像一開始就讓你有真誠的好印象，但真的是這樣嗎？會不會結婚是他現在最強大的渴望，至於是不是玩玩，是不是半路會想離婚，他可沒給你這方面的保障啊！抑或，我們就是太怕失去、怕他不專情、怕他不負責、怕東怕西，就是不怕得到太少。如果在戀愛初期就能多製造浪漫，多約會、多享樂，才有機會確定這人適不適合結婚，不是嗎？

條件好的人，如果你不懂品嘗和享用，對你又有什麼用？所以約會前，不要老是想這個人會不會跟你結婚，兩人契合不就機會大增嗎？真要在乎收入，為何不靠自己，而去靠別人呢？很多已婚的人可能早就忘了約會時的輕鬆和興致，那時的感受其實都充滿好意，沒有太複雜的索求，沒有沉重的未來期望。再好的條件都可能瞬間崩盤，再差的條件也可能一夕致富，這說明你就算不想靠自己，也要靠自己的命運。

想約會，就單純地約會吧，不要再以結婚為前提，若水到渠成，你想不結還逃不了，不是嗎？

雙城生活救了我的婚姻

牛郎織女七夕在鵲橋相會的故事早已告訴我們，沒有累積足夠的寂寞，在一起的意義又是什麼？

分隔兩地的雙城生活或工作，這樣的夫妻其實自古以來就不少。以前的人沒有網路、電話費昂貴，也無法視訊聊天，但現代人有了這些方便後，雙城生活有變得更容易嗎？

雙城生活造成的距離對婚姻不見得都沒好處，比如久別造成的期待與新鮮感、養成彼此較獨立的生活態度等，不是每個結婚的人都喜歡天天膩在一起的。有暫時分開，才有再次相遇，週一到週五各過各的，各有各的生活圈，週五到週日可以一起陪雙方長輩用餐，既能過著有自己社交圈和事業圈的單身生活，一方面也過著婚姻生活，這對有些人來說其實才是完美的感情狀態。

大多數人進入婚姻時，對婚姻都有不切實際的幻想，而且這些幻想還滿一致的。大多都希望夫妻倆能住在同一屋簷下、生個孩子、有房子、車子，光是完成這三個幻想，對一半以上的夫妻來說，可能就是一輩子的沉重負擔，更別提不被他們考慮在內的感情品質。

當感情變淡時，你在意過嗎？當吵鬧的次數增多，你擔心過嗎？當彼此的怨懟累積到快喘不過氣時，你有做過什麼努力嗎？都沒有，是吧？所以雙城生活的夫妻，有可能在這個時代成為新的婚姻族群。他們比以往的夫妻更像婚姻的共同經營者，很多項目可以找人代勞，每次相遇都能更重視地享用。孩子可以交給保母或家人帶，夫妻仍能像男女朋友般，一段時間約會一次。

少了很多交集，兩人單獨生活的機會變多，或許多了些寂寞，但牛郎織女七夕在鵲橋相會的故事早已告訴我們：沒有累積足夠的寂寞，在一起的意義又是什麼？

可能你會擔心，雙城生活是否比較容易被小三介入？如果要理性分析這個問題，答案是：擔心，才是讓人永不安寧的開始。人都是這樣，有需求才有追尋，有信任就有懷疑，有擔心就會給彼此壓力。就像媽媽擔心孩子，不僅會無限幻想讓自己恐慌，還可能為了解除這恐慌，而做了讓問題無中生有、越變越複雜的事，最

後因噎廢食。

如果愛會讓你心碎，你會因此而選擇不愛嗎？如果暫時分開，有可能因寂寞而出現小三搗亂，你就一定得選擇緊緊黏在一起的婚姻生活嗎？或許這問題的根本，是明明害怕，卻從不思考自己究竟想要什麼型態的婚姻。

其實我們都清楚，雙城生活的夫妻，感情矛盾不見得比較多，那些有小三破壞的家庭，大多數都不是雙城生活。雙城生活可能只是為自己不信任婚姻所找的藉口，認為這是種較不圓滿的關係。但真是如此嗎？

雙城生活多半是命運的安排，因為工作的關係、現實的緣故。很少夫妻會刻意安排雙城婚姻。可婚姻和感情若不能與時俱進，若只是千篇一律的奉行，那些從傳統角度看事情的態度依然不會變。你的命運很容易重蹈覆轍，就像連續劇裡那些婆婆媽媽的愛與愁一樣，把雙城想成了計謀，讓彼此更加猜疑。

我有個聲樂家朋友，夫妻已經有十五年的雙城生活，基本上平均兩個月在老家生活一週。她對此很低調，怕別人覺得他們生活不健康，但問起她的感受，她卻說：「我一直喜歡一個人生活，這雙城生活救了我的婚姻。」只要同心並進，雙城就不是分開的。

他是妳一手栽成的植物

事實是，沒有妳，真的不會怎麼樣。
如果沒有妳就會怎麼樣，
那這個家的狀態是需要請專家了。

他沒亂搞或外遇，他的生活沒有波瀾也沒有問題，他像是妳的孩子，聽妳每天抱怨他這個不收拾、那個不幫忙，這個不打算、那個不著急。他總是拿著遙控器不停轉著電視頻道，要不就是盯著電腦……是的，他漸漸像一個盆栽裡的植物，妳懷疑有天突然不給水，他可能就會渴死。

「這樣的關係存在愛嗎？」妳常自問。如果不在乎雙方都付出，那麼，這種愛可能比對寵物的愛還糟糕。寵物還會每天對妳搖尾乞憐，但他連說聲謝謝都不會。或許他的心裡抱持感謝，但就如同植物般，是無聲地依賴，就算即將枯死也不會跟妳求救。

「你是不是吃定我會永遠為你做牛做馬啊？」有時妳真的想狠狠丟給他這句話。

停！停止讓事情越想越複雜。

兩個人若要長久生活沒有壓力，就必須將問題說出口。如果你們之間從沒有「說」的習慣，積怨就會一層層加深，累積到超出警戒線，最後說出來的話便會充滿火藥味。而最終，不知道會引爆什麼。

現代人常在傳統與現實生活中掙扎。傳統婚姻或情侶關係中，仍延用封建時期的不成文法則：男主外，女主內。在默許下，家事都由女性包辦，但時代變了，現代女性也跟男性一樣要出外上班，久了以後，造成不少問題。

然而試問，一開始大家不也都心甘情願接受這樣的分配嗎？只是感情初期，誰會計較誰多做誰少做呢？那時候做什麼都有暖暖的感覺，有時候男生想進廚房幫忙，還會被女生趕出去，嫌男生笨手笨腳。即使女生加班比他還晚回家，依然想為他親自做宵夜。只是，有了小孩後，妳漸漸發現無力負荷，但還是硬撐，妳總想著：「其他女人做得到，為何我做不到呢？」

栽種植物也是種安靜的樂趣，重點是栽出專屬於妳的獨特品種。

生活形態絕對是長期的默契養成，如同妳對孩子的照顧一樣。妳希望孩子快快獨立，同時也很矛盾地堅信他不會長大，這種放不下又想放下的糾結，在不知不覺中已被妳密集的付出養成了戒不掉的癮。妳不做會慌，會覺得事情不管怎麼抉擇，最後還是會落在妳身上，因為妳不會放著讓它爛，妳深知他和孩子早就失去獨立的能力（即使其實沒有妳想得那麼嚴重）。想到這，妳就更認定自己有多悲慘。

事實是，沒有妳，真的不會怎麼樣。如果沒有妳就會怎麼樣，那這個家的狀態是需要請專家了。也許妳就是太累，需要有人分擔妳的工作，也期待家人能體會妳的辛勞，妳並非不想做這些工作，如果妳做得來的話。這是漫長時間累積下來的沉重，妳要放下這沉重，就不能用情緒來掃除，不然狂風席捲滿地的落葉，只會形成什麼都看不清楚的淒涼。

學著說出來吧！平靜且清楚地說，請家人一起幫妳。家人並非置妳於不顧，他們很可能早已習慣妳做、他們受，像許多家庭那樣，不懂得表達感謝，依賴妳的存在。

換個角度想，栽種植物，也是種安靜的樂趣，因為植物不會跟妳爭吵、唱反調，只要不過度疲累，妳應該也樂於這一切都聽妳指揮。想像妳回到家後，孩子可能在自己的房間做功課，老公在電腦前玩遊戲，他們都在妳的視線範圍內，喝妳給的水和食物，縱使沒有人幫妳做事，縱使他們總把房間搞得一團糟，要他們過來端個湯都三請四請，這或許就是妳一手種出的品種——「被動但老實，無花卻翠綠」。

CH2 可不可以不要

如果妳選擇說不，
那將是一條顛簸的道路，妳很可能失去他，
但更可能知道他是不是妳想要的那個人。

當愛來臨時，你擔心什麼？

真正讓你得失心變重的，
是想為未來尋找一個安全牌的思維，
跟愛一點關係都沒有。

當愛來臨，要用什麼樣的心情去感受呢？還是你總在擔心對方會不會變心，卻不擔心自己可能先沒感覺？總是怕太投入愛情，因為很清楚自己容易沉溺？或者擔心愛情會占去太多時間，所以將時間分散在很多人身上，自己卻一開始就被這擔心給弄得神經質？

所以你不敢跟他接吻，怕很多疑惑沒釐清前這樣做太冒險，等於是給了對方某種程度的承諾；你不敢跟他發生性關係，怕他只是一時興起玩玩而已。怕，總會引發一連串難以控制的猜想，那些疑慮，都只為了一個既現實又愚蠢的問題——就是你能不能永遠安心地獨占這個人！

所以很多人都急著結婚，緊張著婚姻裡的關係，不相信人的欲望和感情能平安到老。既要瞻前，還得顧後，於是要對方黑紙白字立據承諾，不然就是懷著美好的幻想，相信愛可以征服一切，卻沒想到萬一走到沒有愛的時候呢？

剛戀愛的時候擔心的大多是害怕失去，但我建議各位逆向思考，與其擔心失去太多，不如擔心得到太少。

兩個人在熱戀時，常會花費大把時間去猜對方是不是肯負責的人、會不會顧家、會不會外遇、愛不愛孩子、能不能孝敬自己的父母、有沒有和自己的生活合拍、講話夠不夠溫柔、會不會很霸道……，然而擔心的特色就是你只要擔心一件事，就會再輕易聯想出一百件事。

多約會，就有較多製造浪漫的機會；多擁抱，就能多享受在一起的溫暖；多聊聊，養成把需求說出來的習慣，就不會陷進猜測的深淵；多做愛做的事，重視你們的性關係到底合不合；多享樂，但不縱欲貪玩。如果兩個人相處連快樂過日子都不在乎，幹嘛還在一起？

有多少對夫妻敢說婚姻的快樂多到不用特別去培養？婚姻裡，很多人都把習慣想成是安定的愛，以為久未落雨的乾旱是婚姻裡的感情常態，以致土地裂了也不著急，慢慢地，就找不回往日記憶的美好。

你怕，卻又無法不怕，也沒思考傳統告訴你的問題對不對，只是跟著庸人自擾。怕對方感情生變不願負責、怕對方給你太多現實的壓力……這些擔心很多都藏在心裡，不是更難解決嗎？

最扯的是，傳統給你的建議，常是把對方當成不安好心的小人，才會要對方把房子都挪到自己名下、派人跟蹤等等。為了一份單純的相濡以沫，弄成複雜糾結的沉重關係，為何還不覺醒？

當愛來臨時，若真能享受愛情的甜果，就不會有那麼多擔憂與煩躁！享受幸福的人是不會欲求不滿的，因為一點點幸福就能滋潤疲累的心。真正讓你得失心變重的，是想為未來尋找一個安全牌的思維，跟愛一點關係都沒有。

當愛來臨時，給它多一些表現的機會吧！

愛絕對是無所不能

愛可以使人守規矩，也能讓人成為狂魔惡煞。
愛就是這麼可怕，但大家都把它形容成偉大。

愛，是一種強化劑，它讓你的情緒加溫，至於加多少因人而異，每個人用藥的劑量不同，但也不難看到生不如死或直接找死的案例。在愛裡，人的行為很容易失控，那些能在愛裡幸福平安走過的人，除了有及格的理性，還必須伴隨著幸運，也就是他的另一半也要很理性，這種事不是單方面做到就能成功。

但，人啊，就喜歡喊著口號過日子！

他們可能會說：「我們要幸福一輩子！」其實他們根本沒細想過往後會遇到什麼問題，只是很單純的信心喊話，趁彼此還在能相信美夢的年紀，給自己一個不必那麼清楚的童話也無妨！因此，這喊話顯得有些壯烈，因為能實現願望的人通常不占多數，不免有些悲觀的色彩。

大家對「愛」都有太多期待，都希望一次結婚就遇到對的人，到死前都能手牽手，齊心共度難關。所以每個人都期待，希望對方一直愛我、一直忠貞、一直顧家、一直負責、一直準時回家……但為什麼要這些？因為所有的連續劇和你看到的例子都在要這些，你想過為何要這些嗎？如果沒有，遑論去思考如何才能讓對方忠誠。你大概只會用自以為有理的方法說：「你要對我負責，我們結婚了！」像這樣要別人負責任的婚姻，要得到嗎？

可不可以不要把你的人生，拿去讓別人負責？

老實說，從男人的立場來看，我相信大多數的男性還是死都想要把責任扛在肩上，只要有機會，男人就會負責到底；只是當心有餘而力不足時，絕大多數男人是能力不足，而不是不想負責。也許我該提醒妳，這就是依賴最怕遇到的結果。當妳依賴他成性，如今他卻沒能力負起原先答應的承諾，該如何是好？只有不依賴別人過日子的人，才不會在這樣的感情事故中翻車落海，頂多是翻車罷了。

以前是從婚姻的關係來看雙方未來的感情地圖，但現在，你可以把關係擦掉，思考你到底想在哪些地方做增減？你會不會是個工作狂，只是希望每個週末一起共度晚餐，一個月有三天可出遊，剩下的部分都不想有交集？

為了她（他），剪頭髮、吃路邊攤、戒菸、戒酒、戒色、看書、學國際禮儀、運動、早睡、晚起、偷東西、殺人、放火……這當中有好有壞，有大事件，有小細節，可見愛可以使人守規矩，也能讓人成為狂魔惡煞。

愛就是這麼可怕，但大家都把它形容成偉大。

不拿自己的人生去求別人負責，這樣的思維是想提醒自己要獨立。反倒是那些口口聲聲說愛就要負責的人，大多是把自己的人生賴給別人，不然就是中途發覺別人不負責時，沒辦法只能依賴著，才那麼緊抓著責任當藉口。

不想負責的人，你敢交給他什麼呢？把自己的未來交給他？把孩子交給他？把愛交給他？哪一項交給他，你能放心呢？還是就因不甘心，而把自己或別人丟給那個不想負責的人，當做報復或洩憤，這樣難道就不惡劣嗎？要人愛你是靠魅力，而不是硬要別人負責任。責任是自然而然的，把人生丟給別人負責才是最不負責任的想法。

為了愛而改變，是很甜蜜的，但別想在甜蜜之後，還想得到回饋，真要得到了回饋，那也只是你運氣好，不是你計劃得逞。為何人會變心呢？難道都忘了責任和道德嗎？不是因為人喜歡更好的，而是喜歡愛被喚醒的感覺，至於責任和道德，那是必須以愛作為基礎，不然空有責任和道德就會很諷刺。

愛絕對是無所不能，絕對是你無法完全掌握的，愛得越深，失控也越嚴重。

可不可以不要

如果妳選擇說不，那將是一條顛簸的道路；
妳很可能失去他，
但更可能知道他是不是妳想要的那個人。

有些男孩想做愛，會點女孩死穴威脅她：「如果妳愛我，就給我！」

多數女孩不知道可以這麼回：「如果你愛我，可不可不要給我壓力？」

如今，妳已是熟女，回首過去，這一路消逝的青春，有多少次，因沒人提點，導致我們錯過許多宣示權利的機會？

在婚姻裡，妳有沒有想跟對方說「可不可以不要……」的時候？

可不可以不要突然大小聲？可不可以不要在你父母家過夜？可不可以不要看我的筆電？可不可以不要和我的朋友打聽我的行蹤？可不可以不要在孩子面前講我的壞話？

「可不可以不要……」是妳的權益，妳清楚嗎？

想想那個在青春期過程中威脅過妳的男孩。他也不是壞蛋，他只

是從別人那兒學來錯誤的方式。男孩為了不讓女孩發現自己的稚嫩，總會裝老裝壞，威脅女孩。其實他心裡也挺不安，只有極少數的男孩是真正的壞胚子。我相信有壞胚子，但走火入魔的人性並不少見，尤其是青春期的男孩或女孩。

只是，妳早已不是小孩了，認命更不是唯一的途徑！不要忘了，妳有做出楷模的責任，妳要拿人生做最好的實驗，妳要更進步，不要盡是妥協。

妳的老公尊重妳嗎？妳尊重妳老公嗎？妳面對外遇的態度有不同嗎？還是妳其實想跟新一代日本夫妻一樣，各自有外遇，不說破、不過問？報導說，這些夫妻大都相處融洽。專家解讀這現象，下了這樣的結論：他們只有性和愛情不合，其他都很合。我覺得這分析很真實。或許妳也可以想一想相處的各種可能，不論接受與否，絕對不要連看待事情多種樣貌的能力都沒有。

如果妳覺得這是壞想法，不該鼓勵夫妻有外遇，那我要提醒妳，這不僅是個想法，還是已存在的事實。妳也必須清楚，扭曲別人的動機是惡的事，等於給人栽贓。自古人類進步皆有跡可循，就如同我們若承認日本和英國社會比我們進步，那麼他們的現在或許可以看作是我們的未來。若仍以過去的標準丈量未來的可能性，那就是對新生活的任何可能性缺乏想像力了。

時代真的改變了，妳真的可以活得不一樣，更重視感受的質感，更有勇氣去撕裂過時的面具。你會比前人更重視自我感受。對自己好並非自私，反觀那些論定這是自私的人，連自己都顧不好了，遑論能帶給別人幸福？根本是一派胡言！

「可不可以不要……」是一種表達自我委曲的最後一點祈求，若要遠離委曲，就必須勇敢說出來。

怕說出來，就會失去嗎？

相處有各種可能，認命不是唯一途徑。

怕拒絕他，他就會顯露可怕的真面目嗎？

害怕，如同交叉路口，將決定妳往後的道路。

若妳選擇妥協，那將是一條不斷向下傾斜的路，未來只有用更卑微的態度去留住妳想要的關係。妳開始欺騙自己癡情又懂真愛，在骨子裡會開始認定對方是個負心漢，妳委曲求全只為給他包容……妳一路都在愛他、怨他的巷子裡來回走動，久了，他只會越來越討厭妳。

如果妳選擇說不，那將是一條顛簸的道路，妳很可能失去他，但更可能知道他是不是妳想要的那個人，沒有這個考驗，妳無法知道真正的答案。並非所有男人都獸性無禮，然而，如果在初戀期就無法讓對方尊重妳，妳還敢奢求未來他尊重妳嗎？如果妳總是拿愛來當作妳不得不的理由，那麼妳與那些以下半身思考的男人，有何不同？

是的，「可不可以不要」是妳的權利，更是妳的智力。妳要很有力，才會有魅力。可憐兮兮只會讓人更厭倦，妳的委曲求全只會讓人覺得那是妳的謀略，沒人會相信那是真心誠意，難怪委曲到最後的下場都很難看。

熟女的妳，可別再裝純情嫩妹啊，那可是很可怕的天真傻氣啊！

情人在情人節爽約時

既然是為愛情設計的日子，你好歹不要在這天吵，
一次不吵，就多一次機會美好。

如果你的情人在情人節爽約，你會多生氣？還是你早已準備另一種策略回應？

一個因爽約而生氣的人，這樣的個性，之後怎敢讓人走入婚姻呢？太多連續劇教你遇到此事的反應，就是該生氣、抓狂，但是這態度根本不值得別人愛。光想到那時的嘴臉，不是咄咄逼人，就是長久生悶氣，這跟不給他買玩具就躺在百貨公司地上打滾的小孩有什麼兩樣？

情人忘了，就笑著跟他說，那如果我下次忘了不能生氣喔！
情人要是編了個理由，你就說我就在等一個讓我舒服的理由！
情人要是臨時需要加班，你先體諒，保證後來收穫更多。
情人若被你發現他跟別人上床，就祝賀他媽的情人節快樂！
當然你可以用你的方法回應，重點是，回應的最終目的是為了什麼？是想吵架，還是爭理？是想讓對方理解你，還是想把之前的

恩怨一起算清？是一時情緒失控或長期脾氣不好？吵架是男人、女人間最該正視的問題，尤其許多人總是吵點太低，吵的內容又毫無邏輯，不考慮會不會吵到旁人，更不會思考萬一吵完後要和好的尷尬。

不管爽約的人是刻意或不刻意，生氣對你有什麼好處呢？本來你身在優勢又有理的一方，卻不懂讓他好好補償妳，還可能因生氣而擦槍走火，釀成大爆炸而後悔。要生氣，就要懂得控制，並讓結果如你所願，否則你的生氣都是很幼稚的怨氣，用這樣的情緒走入婚姻更是大災難！

有些人會反駁：「不生氣很難吧？不生氣，應該就是不愛了！」很難嗎？如果你知道你這一生氣看似星星之火，卻可能在你們的關係裡燎原，你還會怕難嗎？知道難以控制，又何苦讓這火氣發生，乾脆告訴自己：情人節是拿來幸福的，嚴禁生氣！

情人節，情人爽約，有五個不生氣的方向：

(1)所有的期待若產生變數，都是丘比特（愛神）意外地安排。
(2)一個人過情人節並不孤單，可以出門找落單的朋友。
(3)想過兩人都滿意的情人節，就不能強迫兩人都要在這天過節。
(4)讓情人在情人節開心是首要義務，其次才是你開不開心。
(5)過節不要拘於形式，別讓情人節變成壓力和例行活動！

這些讓你不生氣的想法，其實就是要你重視並尊重對方的意願，重視相處時的和諧，不要為了過節而過節，要為了開心而過節。

有情人或有另一半的人很容易空有關係，過節都像完成特別任務，不管是買禮物或出國旅遊，不管是做給別人看或真想這麼做，一年一度的節慶真的很難年年充滿感動，或沒任何壓力。就像每年都有人說過年的氣氛一年不如一年，但大家還是過。或許需要新的過法，或許不過也沒關係，但既然是為愛情設計的日

子，你好歹不要在這天吵，不要觸愛情的霉頭，一次不吵，就多一次機會美好。

已婚的人一旦過情人節，很容易把這節日變成母親節一般，像過給大家看的。有情人的未婚者也是，因此有另一半的情人節，最好是隨機設定的比較好，這樣才有驚喜，才不流於形式。事實上，沒有固定時間的私人情人節才是最佳選擇。

最怕愛上什麼樣的人？

不管是哪一種怕，怎麼從怕到少怕才是問題的重點。
少的標準在於不要少過關心，也不要大過疑心。

「你最怕愛上什麼樣的人？」

某天，我在網上問了網友這個問題，大家的答案都很實在。有怕不愛自己的、怕心理病態的、怕已婚的、怕不負責的、怕占有欲太強的、怕小器又不尊重人的、怕負債累累的……

也有特別答案，比如怕愛上人渣，怕愛上離不開的人，怕愛上比自己更好的人，怕愛上分手困難的人，怕愛上帶給自己麻煩的人，怕愛上自己最愛的人……

怕，是你最容易犯的弱點，解決怕的最好方法是「面對」。因為怕，人就會逃避，逃避會帶來恐懼，怕又無法不愛，才讓你一直怕。不管是哪一種怕，怎麼從怕到少怕才是問題的重點。

也許你問，為何是少怕而不是不怕呢？

若沒有一點擔心受怕，愛很可能就變成可有可無的平淡，日子一

久，就難以復燃。什麼是少怕呢？少的標準在於不要少過關心，也不要大過疑心。

人都是愛上後，才開始彼此瞭解，這也是害怕的起源，因為先愛上，才發現對方多麼讓你意想不到，但此時卻無法離開他。可怕呀！這就是人啊！對於這麼容易深陷的大坑都避而不談，沒人提醒，一代又一代，都在同一個坑洞陷入而不可自拔。傳統價值提供的補救方案就是認命，就是抱怨，就是不願改變。

如果你覺得不能改變，就無法進一步思考，甚至會把問題歸咎在別人身上，最可怕的是，你發現他已變成你害怕的那個人，而你卻沒有能力離開他。

如果你覺得能夠改變，那麼你有機會讓害怕中止，有機會領悟害怕背後的正面面貌。通常，你害怕上學，怕的不是學校，而是學校裡的某個人或某件事。所以當你說你最怕愛上占有欲強的人，說的不是那個人，而是不想被控制、不想被懷疑。至於為什麼會怕，是因為不知道該如何面對、陳述這些狀況，你甚至不知道要如何要求對方來幫你解決。

你最怕對方不忠，但就算對方在神明面前起誓絕對忠誠，懼怕就會消失嗎？當然不會。如果大家真那麼信守承諾，就不會有那麼多人離婚了，婚姻不就是一種承諾嗎？你會懼怕，是因為什麼都無法掌控，就算要退場，也沒膽量，因為當初在婚禮上或熱戀期的承諾太滿了。

既然很多事已回不到當初，想要少怕，就必須少預設立場。例如，害怕愛上小器的人就是一種預設立場。為什麼別人要對你大方呢？大方小器的標準又該誰來決定呢？為什麼不能獨立一點？你難道不知道別人對你大方，或許是別有目的？

期待越多，得失心越重，心理折磨越多。人總是在婚姻裡貪得無

厭又充滿懷疑，總是在人前說一套做一套，只要你願意擺脫這老套的假戲碼，你就可以看到一個新局面。當你越獨立，你就越可能什麼都不怕。

怕，其實也間接說明，當事人非常沒有信心得到他渴望得到的。

這些渴望要放大來看或視為小事來瞧，你可以冷靜想想，如果你是屬於怎樣苦都不會放棄的人，你就該放棄你那高高在上的標準。兩個人要長期生活在一起，尊重並設身處地為對方想是很重要的能力，尊重會讓他更願意為你改變，設身處地會讓你發現對方原來是在哪樣的環境長期走過來的。

你該不會覺得這世上有一個人什麼都跟你很合吧？不合，又沒能力放下，又無法得逞，還不願分手……這才是最可怕的結果。其實，放任自己在感情裡長期不快樂又過度擔憂，是對自己最不負責任的懦弱。真要是怕，你就該逃離，除非你接受恐懼的綁架。

「你最怕愛上什麼樣的人？」

如果下次有人這麼問你，或許可以跟他說，最怕的其實不是愛上什麼人，而是「愛上」這件事。因為愛上，就變得畏畏縮縮，什麼話都不敢說，什麼事都不敢要求。而愛是什麼？愛就是過去的承諾，未來不一定管用。

如果妳愛上好朋友的老公？

跟處在欲望烈火中的人談什麼道德和法律，
不僅是白說，最終也只是讓他在片刻自責後，
發現自己的愛是如此艱難與不凡。

別說不可能，沒經歷過的人沒權利說不可能，妳頂多只能說「到時候就知道自己會怎麼做」。愛上一個人，絕對是天時地利人和再加上妳的情不自禁，妳沒有讓事情發展到你擔心的那條路上，也只能證明妳控制得好。

外遇是不是罪該萬死的罪行，暫且不論。但外遇若真的就要發生在妳身上，妳依舊忽視，就有可能低估它對妳的誘惑。

外遇絕不是誰花心，更不是誰變心，很少有人是為了外遇而外遇，大都是近水樓臺，有彼此相同的生活圈。例如當好朋友不在時，好朋友的老公就會代為出面，轉送東西、代處理某些事，或者妳也可能需要居間調停朋友和她老公的感情爭執……事出必有因，這「因」就是姻緣。

妳以為每次跟好朋友和她老公一起出門就安全嗎？妳等於讓自己有更多機會貼近他們的生活圈，他們一吵架就有可能找妳當橋

樑。三人因為常見面，戒心都很鬆。偶爾妳和她老公獨處喝咖啡，就算不談心事，也會講到現實中煩惱的事。既像家人，又似朋友，這微妙處可能比夫妻的感情還要輕盈又貼近。

這樣看來，夫妻間各有各不相來往的朋友圈其實是好的。因為夫妻各自都有心情垃圾要傾倒，如果這些抱怨再從共同朋友回傳，甚至被有心人士亂傳，反而會造成無法收拾的災難。

很多喜歡出雙入對的夫妻，看似恩愛，其實也因為相處時間多，往往造成摩擦和無趣感而不知，他們之間不會有再見面的期待，許多恩愛與爭執畫面也容易暴露在朋友面前。

許多對另一半始終無法放心的人，一旦結婚，就可能害人害己，明明不放心，卻又要假裝放心，慢慢就變成很偽裝、很假的人。婚姻裡多的是戲子，多的是演得難堪又老套，這種人只選擇自己願意相信的面向。這樣的人不願面對自己的盲點，因此特別需要好友和另一半來補償內心的虛空，卻總以為只要大多數的時間自己也都在場，問題就不大。

當三人都如此放心地交融在一起，這交融就給了外遇很好的養分，哪對夫妻不是從朋友交融開始的？！這樣的外遇為何那麼容易發生，就是因為一開始大家都以為打了預防針，所以就更以朋友的身分正大光明地給予關心和動心。

所以，萬一妳不小心愛上好朋友的老公，既然愛上了，能理智脫逃的真是少之又少，不如理性面對。再加上，越不能光明現身的感情，越顯出愛的難能可貴，妳和友人老公就更會在罪惡感的驅使下，變成革命伴侶。你們會常常矛盾，但戲會越演越好，為了不傷害你們共同的至愛，剛開始大家都會有所節制地偷來暗往，但接下來慢慢變成，三人一起親密逛街時，妳會和他在好友背後緊握著手。這樣的畫面看似幸福甜蜜，但各自回家後卻常出現自覺是小人的羞愧，尤其當好友做了些讓妳或他感動的事。

有人會問，對那好友來說，這到底該怪交友不慎，還是怪愛情太脆弱？我說：不用怪誰，感情本來就有破壞理性的可怕威力。愛，就像水，它往低處傾斜，而非跟著口號走。很多對方在暗地裡不自禁陷入的感情，都有一個裂縫做背景，這裂縫就是你們已漸漸不知細膩的關係所造成。會在暗地裡發生，或許還不是絕望的時候，代表他最怕的還是改變現狀，雖然「保持現狀」對感情來說也是很諷刺的字眼。

會很堅決地說，這種事不會發生在自己身上的人，要不就是沒碰過讓她驚天動地的人，要嘛就是對人性不夠瞭解。愛情如果能如此理性掌控，就表示這愛還在淡如清水的階段。在愛情和欲望跟前，很容易不把對錯看在眼裡，跟處在欲望烈火中的人談什麼道德和法律，不僅是白說，最終也只是讓他在片刻自責後，發現自己的愛是如此艱難與不凡。

他不想結婚，是不愛我嗎？

就算結婚也不表示他不會背叛、傷害你；
就算不婚也不表示他不想一輩子跟你在一起。

熱戀時，忍不住想天天和他在一起，想確定獨占他的合法關係，天真的描繪一幅未來的幸福藍圖。但你可曾想過，即使未來能達到五子登科的美滿生活，你該如何面對？是笑臉迎人，驕傲的讓大家評鑑你的戰利品？還是內心擔憂未爆彈哪天會突然爆發？又或者擔憂直到最後一刻才發現他並不愛你，從此無法單純的享受彼此的愛？

婚姻對極大多數人是既定行程，愛到最後不能說不，即使說不也會惹來異樣眼光。弔詭的是，大家不質疑婚姻，卻反過來質疑對婚姻提問的人，這才是問題所在。把婚姻當作至高的寶物，不能質疑無法非議，難怪這社會的離婚率那麼高！

這就像速食店的套餐一樣。套餐的出現讓我們越來越不去思考喜歡吃什麼，總是配合別人的安排，慢慢變成社會集體中的一分子。婚姻其實也是套餐的一種形式，它包含著感情、感覺與生活三種單品，不能單點，你還能說婚姻有多麼完好？

你也許會問，如果這人愛你卻不想結婚，是什麼意思呢？我說那是不拿婚姻當唯一手段的思維。就算結婚也不表示他不會背叛、傷害你；就算不婚也不表示他不想一輩子跟你在一起。

其實，婚不婚，與愛無關，與制度有關。我不想穿ＬＶ，是因價格太貴，不是因為我不愛買衣。會認為對方不想結婚就是不愛你、不負責、玩玩的想法，說穿了，眼裡只有獨占，哪裡是愛？

不結婚有可能是經濟條件不允許，有可能是對方還不夠成熟。要對方結婚以證明他對感情負責，是對自己最不負責的人。

當對方正在猶豫是否結婚，而你又逼著他要結婚，你可能必須承擔以下幾個風險：一是忽略他不想結婚的原因；二是他的心裡已有別人；三是他對婚姻沒安全感……

太想結婚，只會讓你錯把愛情當作光明正大的武器。

不要上了床就要別人負責

才要確認共度一生，就來個現實的條件，
好大的壓力又好冷的關係。

不要上了床就要別人負責。

這聽起來像交易，但真要是交易……請保護好自己，先估算一下成功率，不然這會是一場很可能會輸的賭注。有想過把未來人生交給一個不可靠的人是什麼下場嗎？還是妳以為只要把心交給這個妳愛他他也愛妳的人就可以，不管多危險都沒有關係？

也許會這樣想，都是從連續劇學來的。華人的家庭普遍和以前學校的健康教育課一樣，都羞於討論愛與性，所以資訊都來自戲劇和新聞事件。而在家中真正會談的大都是條件論的功利觀點（雖然會拿倫理、道德傳統來包裝）。他們有的會拿爛例子來試圖恐嚇並左右妳的選擇，有的總是拿現實的外在條件來評定人的價值……他們完全不知道這些標準都透露出一個訊息：感情和人都是不可靠的，錢和權和面子和家族利益才是最重要的。

於是他們要妳把身體當作一個價值，把初夜變成加分題，將全心投入變成禮物提醒著對方，並跟對方說：「我是認真的，你可別玩玩。」唉，對於一個本來就很愛妳也決定要跟妳結婚的人來說，這項提醒，無疑是把他原來備好的大禮瞬間貶為本就應該做到的基本禮，這樣的感情還有什麼意思呢？才要確認共度一生，就來個現實的條件，好大的壓力又好冷的關係。

不過，妳也別過度擔憂，當感情還很熱烈的時候，他也不會反抗，只是往後就很難講了。

而且，妳究竟要他負責什麼呢？難道妳沒爽到？或者妳要用什麼態度要？還是妳該想想，把自己的人生丟給別人負責，會不會才是對自己最大的不負責？不如改掉跟別人要東西的習慣，增加讓別人主動獻上殷勤的魅力。愛真的是非常現實的東西，沒有一點價值是不行的。其實妳要的就是安全感，這是誰都不能否定的事實，所以我建議妳可以挑明了要：你怎麼給我安全感呢？

記得，只要妳重視魅力，只要妳願意柔軟，愛妳的人不但不會拒絕，還會賣了命替妳去天上摘星星。這是很決定性的態度，關乎你們以後是怎樣的伴侶，如果一開始就這麼不放心，後面的猜疑就在所難免。

所以，請記得，用要的，一定不如用勾引的有效。

告訴我你愛我

傳統的可怕處之一，就是制度已廢除，習慣卻難改。
太相信別人口中說出的承諾，
其實也間接承認自己不願面對真相。

單身熟女或許都有這樣的心情：心急如焚，擔心青春歲月時日無多，所以加緊腳步，深怕這是最後一次機會。也許你早已設下小小的底線，再過幾年若依舊單身，為杜眾人悠悠之口，妳就要對全世界宣布一個妳可以接受的理由：我不嫁了，因為我是女同性戀！

乍聽像個笑話，但好笑的笑話都來自殘酷的現實，它不僅是病態社會給的壓力（比如嫁不掉的女人一定有怪癖），還有一個是自找的：其實妳也是病態社會裡的一員，與他們無異，傳統守舊。傳統的力量讓妳著急，逼著妳去「需要」一個婚姻、一個不丟臉的身分、一個終於對誰交代的渴望。

妳真以為妳愛的是那個男人嗎？

在壓力重重的複雜因素糾結下，所有情緒都會加倍放大，原本愛五分的，突然變成八分。而原有的標準也在幻想的美化之下調

降，原本在乎對方收入不能低於某個數目，但妳現在發現，自己可以養活自己就行。最可怕的是，妳還會以為這是愛。

說是愛，倒不如說是想像的欲望，即使妳早已認識他，也不見得明白現在的他，和已經相處相愛過的他。想像能將黑白顛倒，想像重視的不是真相，而是渴望。

因此，妳忽視現實，把他做的每件事都解釋成為了妳，深夜，妳被自己的想像燃燒著身體和心靈，掙扎於痛楚與快樂分不清的夢醒時分。夜復一夜，當這錯覺不斷上映，妳開始向親朋好友散播愛的訊息，甜蜜地談起與他聚會時的點點滴滴，明明是多人聚餐的場合，卻故意把其他人都省略，誤以為是只有兩人的燭光晚餐，或者刻意摟著他拍照，把照片放在妳的網頁上，讓朋友們認定妳是他的代理人。為了讓他歸屬於妳，妳的腦袋可清楚得很，妳沒有失言，妳沒有完全瘋，妳只是在耍心機得到妳想要的。

病態社會給的壓力，讓妳穿著國王的新衣都不自知。

別說我寫得太冷血，完全沒提到一絲良善，我還沒說完呢！

等到事情爆發，當他發現妳已把真相顛倒成這地步時，妳才驚覺，怎麼她們說的跟妳想的差那麼多，這幻象……不就證明妳是個瘋子嗎？

是的，因為妳布的局就叫「國王的新衣」。因為大家都會因妳太久沒愛，愛到失心瘋才開始同情妳，不去揭發妳，都不知這同情的盡頭就是讓妳以為一切都是真的。不把妳罵醒，妳醒不來，就會繼續沉浸在春暖花開的花園。

當國王聽到「你沒穿衣服」時，國王會轉頭去問裁縫：「我沒穿衣服嗎？」同理，為了不讓自己醒來，妳會直接問他：「告訴我，你愛我！」即使布景掉下，星星滅了，催情的音樂也停了，但妳依舊聽不到他回答妳的聲音。妳只看到他一再重複地張合嘴型，他在跟妳說：妳瘋啦！

是誰讓妳變成這樣？誰是讓妳瘋狂的共犯？

是奉承的裁縫、不敢吐實的人民（除了那個小孩），還有國王自己，以及那個太相信表面的傳統。傳統的可怕處之一，就是制度已廢除，習慣卻難改。妳會在意，就表示這個社會有一大群人在意，「單身敗犬是種恥辱」仍是主流意識，儘管大多數人否認，內心卻不願承認。

「告訴我，你愛我。」很美，也很勇敢，但絕對虛幻。太相信別人口中說出的承諾，其實也間接承認自己不願面對真相，這真相就是妳明知對方不肯定，妳卻只是要個肯定。沒到燃點的愛，卻硬要點燃，其危險在於愛沒點亮，只能在萬人期待的深夜舞臺上，讓自己沒台階下的晾在臺上。

外遇不該死

要別人愛你，首先要有被愛的特質；
要人回頭，就不能有非要他回頭的期待，
否則連起碼的尊嚴都會失去。

外遇，已不是男人才會發生的事；女人也會，所以男人也該關心。

大家可有深入細想過外遇的議題，比如人為何會外遇呢？

有人把外遇簡化成對愛情的不忠，但真是如此嗎？我常提醒深受外遇困擾的朋友，當你發現對方外遇時，要先仔細想想，是否能離開他？若離得開，你有離開與不離開兩個選擇；若離不開，那麼你只有一個選擇——選擇不知道，再用魅力把他贏回來。

外遇的原因不會只有一個，但不管是什麼原因，都難以釐清，最怕是隨便找一個原因，比如覺得對方愛的是自己的錢，或者認為自己已無魅力了，或者責怪外面那個狐狸精……但真的有那麼簡單嗎？真要這樣，你有多少把握呢？

追究原因並不重要，因為原因不會產生自單一問題，它早已盤根錯節，難以細分，與其花時間去想一個可能理不清的問題，不如放下過去，給對方和自己一個重新開始的機會。

外遇並不完全只有負面效應，可能還有好幾個正面意義。第一，當另一半外遇時，他那些瞞天過海的動作和謊話，可能都在暗示他怕你生氣、難過，並沒有要離開你，也就是說，他的隱瞞是帶著善意的。第二，就像感冒似的，這是個警訊，提醒你們已忽略彼此的愛情很久了。沒有這個前提，就不會有這個結果，能發現問題，至少是好事。第三，如果沒這外遇，你們或許不會有機會打掃累積在你們心中的陳年灰塵。不計前嫌，共同打掃，也可能是很好的結果。

至於其他的好處，大家可以一起正面發想，只要能讓你心更寬，不針鋒相對，不怨天尤人，這些能給自己帶來正面能量的想法，都值得追尋。因為，感情一旦從是非概念去看，就只有罪人和受害者，這樣的關係是你們未來想要的關係嗎？

沒錯，在婚姻面前，外遇就是犯了戒。
沒錯，他是該死。

若真是這樣，你就趕快離開他，怎會再多一秒鐘留在他身邊？

若不是，那麼請回到現實，先想想你要的結局。若想跟他回到最初，你就不可能去抓姦；你若希望他回心轉意，就不該將內心積怨四處投訴；你若要跟他一起改變，找回平等關係，就不該一副高高在上的法官樣貌並對他判刑。婚姻是一場極其現實的供需關係，它從來就不是什麼偉大的道德觀念蓋出的堡壘，你不真誠地面對自己心中真正的渴望，就是在強迫對方愛一個虛假的人。

在漫長的人生中，很多人都在年輕、還不夠成熟的年紀就步入婚姻，所以不能沒有允許別人犯錯的雅量。當然我們可以堅持底線，例如暴力必分、外遇必分、不工作必分……。但若是未達這些底線且離不開對方，只會發狂、失落、哭泣、抱怨，憑什麼認為你能得到想要的結局？

有些人很矛盾。他們早已不愛對方，卻還苦苦抱著婚姻不放。這類人有幾個特徵：老愛炫耀表面的幸福，像管理寶物般盯著另一半，沒有自己的社交圈，除了為家人而活不知道要做什麼。他們不知道這樣的愛情如同金字塔——對別人而言是觀光據點，對自己可是墳墓。

要人愛你，首先要有被愛的特質；要人回頭，就不能有非要他回頭的期待，否則連起碼的尊嚴都會失去。愛絕不是法律和道德管得住的，越依賴法律與道德，越容易全盤皆輸、萬劫不復。

挽回之前，請先放下

愛讓平淡的人生活了起來，讓沉睡的勇氣甦醒。
愛不是占有就會存在。

挽回，最忌用乞憐的方式，對於已對感情淡漠的人來說，這會讓他如雪上加霜般的更討厭你。真要挽回，就不要再做些為難對方的事，不先放下你的渴望，只代表你最在乎的還是你自己，根本沒去體會對方的訴求。

先想想挽回之前的狀況吧！

此時的你們，一定是一個有情一個無意，有了很大的鴻溝擋在你們之間，如此冷漠的距離，沒先讓緊張關係暫時鬆綁，任何積極的善意，都可能讓無意的一方更加反感。

不妨想想，若你是那無意的一方，在什麼情況下，你的心才會從急著脫離轉變為願意繼續？

不懂得先放下渴望，就會像端湯競跑，湯又滿，又要快，這樣怎麼會好轉？當然，有情的這方，此刻的得失心一定很重，有些人甚至還會瘋掉。想挽回一顆心，沒有理性和體諒，很難成功。

也許有人真的會在強力挽留和示弱之下回頭，但不一定是因為感情復燃，有可能還有其他顧忌。可能是因為孩子、錢、人情壓力、共同利益關係、罪惡感、傳統思維等。

挽回的方法有很多，例如你也許能不在乎人跟心要一次擁有，願意讓人先回來，心再慢慢修補。如果你已顧不得自己難看或委曲求全，也請別在眾人面前宣示，因為兩人的感情被眾人你一言我一語的傳播，一定會積非成是，尤其當眾人一面倒的同情你的遭遇，這可是很容易惹毛對方的！好像憑著眾人的同情在逼迫他。

人在得失心重的時候，被激發出來的不一定是愛，沒那麼純粹。心裡會有不甘或不捨，怕改變、想改變，有愛、有恨、有掙扎、有失落……人在這麼糾結複雜的情緒裡，很難平常心看待。這滿滿滾燙看似愛情的欲望，說穿了只是想占有，所以無心顧及對方的感受，不清楚自己的處境，讓親人擔心，向朋友訴苦。

占有，讓人心安，但也讓人掉進空虛的泥淖。真正愛的互動，不用占有就能吸引對方靠近你而不想分開。不然你用盡全力挽回，只會顯得你很可憐，並沒有得到真心。

放下，或許就真的失敗。但為什麼一定要成功呢？

我們都對放下太過恐懼，能放下，你們立刻就能回到較平靜的狀態，至少對方是如此。讓對方看到你寧願犧牲自己的安全感來成全他，雙方才有可能都提升到關心彼此的高度。此時，愛最有價值的部分其實是領悟，不是驚恐掠奪。想想自己為人如何？想想自己真正需要的是什麼？沒有真實的需求，名分是何等可笑？如果你們有了孩子，你們的關係又怎能一刀兩斷呢？留有一線緣，再續前緣總有機會，何必急於一時？

只要活著，你們就不可能真的分開。在你們的愛情裡，只要能相遇，都會有奇蹟。愛就是力量，它讓平淡的人生活了起來，讓沉睡的勇氣甦醒。會走到需要挽回的地步，就是說明你們的愛早已離去，可見愛不是占有就會存在，空占有，沒有愛，都是枉然。

沒有背叛這回事

經歷千山萬水後的彼此，
卻無法承認背叛是沒處理好的長期問題，
只能緊抓著當初最甜蜜的綿綿情話與承諾。

沒有背叛這回事，因為這是一條死路。

所謂「背叛」，到底是背叛了什麼？是承諾？是感情？是背叛造成生活被打亂？背叛若是拿來抱怨或責怪，小心演變成分手，若是真的不惜分手求償到底，你就更需明白你要求償什麼？還是你只跟著前人的步伐，聽到背叛就生氣、難過，卻沒想過到底是「什麼」被背叛了？

如果我說沒有背叛這回事呢？有多少人會說我在為背叛者脫罪，然而人一接受有背叛這件事，不但受苦，還會陷入能不能討回公道的複雜心理；還可能因為離不開他，而被即將破裂的關係凌遲、折磨。如果你們還要繼續下去，對外人來說，只是要看到背叛者得到修理（也就是他們所謂的「公平」、「正義」得到執行），但關起門來，你們的裂縫怎麼彌補？既然背叛傷人最深可至要人性命，你就不該把承諾當命來愛。因為承諾不實現，你就陷自己於萬丈深淵，這不是對自己太不負責了嗎？

難道你沒看過八點檔連續劇的外遇故事嗎？難道你沒聽過一首首背叛的情歌嗎？難道你沒有被八卦媒體的桃色新聞洗腦？此刻的你，裝清純說當時對方多麼誠懇，我必須提醒你，感情受騙的人都有一種賭徒心態，就是明知可能性很低，他都要賭一把，因為他已上了癮，但不敢承認，還把這癮包裝成純真又執著的愛，甚至還可能是自己逼問得來的承諾，比如說：「你會一直愛我嗎？」之類的話。

當你發現另一半背叛你，有沒有想過他也有不服氣的話要說？他有可能覺得是你背叛在先，比如相處過程中語言粗暴又情緒化、婚姻裡的現實壓力壓垮了平衡感、有了孩子以後不想做愛、家事分工不均產生不滿……是的，這些都是兩人合力造成的結果，但卻在漠視之後，累積成巨大的冰山，冷漠地任由這冰山阻擋在兩人之間，每一件看似小事的問題不處理，就會釀成大禍，而認命的人會將問題包裝得更好，不認命的又都是在事情爆發後才擦槍

走火導致決裂！

背叛前的問題才是真正要解決的問題，背叛這件事只是壓垮駱駝的最後一根稻草，沒有先前的冰山阻擋，兩人也不會遠到相見不相愛。把兩人感情爆發的問題簡化成背叛，可能只會是再傷害彼此的另一場戰役。因為沒有人檢討自己，而背叛的源頭已沒人追溯，這就是背叛者即使被抓包仍不服氣的原因。

能冷靜思考背叛的問題，是因為觀念。冷靜的人知道原先那樣想對誰都沒好處，只會把事情變得更複雜，焦點更模糊。有人說，年輕一代比較不懂婚姻和感情的包容，我卻覺得這是他們比較進步的地方，他們不像前人會把認命放在家人的關係上，他們比我們這一代更懂得放下，更尊重對方和自己，而認輸和認錯也是較進步的態度。

真要以背叛這麼重的罪名給人定罪，那就要好好算計一下，造成這背叛事件發生前的種種因素。時常吵架算不算？價值觀差太遠會不會是幫兇之一？長期的冷戰或冷處理、沉重的現實壓力、婆媳不和、孩子的教育問題、天災人禍……我要說的是，經歷千山萬水之後的彼此，好不容易都走過來了，為何卻無法承認背叛是沒處理好的長期問題，只能緊抓著當初最甜蜜的綿綿情話與承諾？如果真的不甘心，就該有本事絕情地轉身離去！

經背叛震盪後的殘局，陰影會如影隨形，這心酸的處境，正是我反對用背叛去看對方的原因，如果你還願意繼續跟他生活的話。

反省如果只是讓妳的感情失而復得，
那不叫反省，叫做執迷不悟。

感情的反省不是為了挽回

當妳失去一段無法放手的感情，會想找專家尋求解藥，因為心煩意亂，搞得妳不知該恨人還是愛人，想放下卻又藕斷絲連。於是專家建議妳要反省，可聰明的妳立即回應：「反省能得到快樂嗎？」

當然不！

反省如果只是讓妳的感情失而復得，那不叫反省，叫做執迷不悟。一心一意想要得到愛的癮，是不會認真反省的。反省的最大功能，是讓妳檢視愛人的心態和明白對方的感受，只有做到這兩點，妳的出招才不會失誤。反省的最高境界，是讓妳看見痛苦和快樂的另一面。

剛開始愛上一個人，常會為了要滿足心裡的不安全感，就開始歇斯底里。對方一天沒打電話給妳，就懷疑他是不是感情變淡了？是不是終於露出只想玩玩的真面目？然後一想再想，想不透對方為何不能像自己這樣堅定不移，而忘了這些煩惱都是自己製造出來的，沒有勇氣釐清真相，還將自己對愛人的栽贓全信以為真！愛，就是穿針，是非常集中的關注，過於急迫或接近就會刺痛人，一次、兩次、三次……就看妳愛的人忍耐的極限有多高，耐性高不表示他特別愛妳，關注成癮的結果就是令人厭惡！所以不要以為自己的愛有多麼至高無上。

人把自己掌控不了的欲望，誤判為堅定的情操，就會陷進錯不在己的泥淖中。明明知道愛沒有對錯，只有合不合適，為何還怪罪別人？好像妳給的愛才是真心，別人想逃的感受都是虛情假意。愛情就是服務業，他對妳態度不佳就會讓妳不悅，而妳對他的予取予求，只會讓他因愛生厭。

傳統的感情觀最大的盲點，在於讓妳以為今天得到他的愛，就可以永遠用自己的忠貞去綁住對方的忠誠，以為透過婚姻就可以得

到永久的保障，然後再以謬論要別人對你負責，自以為負責才是愛的最高準則，不負責就不是愛，就是亂搞！

如果真是如此，如果一味批評男人就是花心，而且深信百分之九十的男人婚後都會亂搞，既然如此妳卻還冒這麼大的風險結婚，這就是對自己不負責！

感情的反省若持過時的觀點，反省的效果會大打折扣。反省的前提是妳必須有重新開始獨立生活的打算，絕不要以挽回他做前提，不然只是假反省之名，行占有之實。

大多數人的現狀都是辛苦的，因為傳統的誤導、道德的偏見、人性的掠奪，對愛的貪婪……怎能一路走來不徬徨、不錯亂、不受傷、不犯錯？為犯錯的人留條路走，幫受傷的人指引真相，讓錯亂的人有時間冷靜，給徬徨的人一抹微笑，切記不要急著給安慰，跌倒後一定要自己站起來才有意思！

情變是因為我不夠好？

難道不夠好是可以靠一時努力就轉變過來的嗎？
難道妳過去的不好所造成的、
對方心理的陰影是一時抹殺得掉的嗎？

為什麼一個女人遭到情變時，會覺得都是因為自己不夠好？為什麼一個男人被提分手時很少這麼想呢？這樣想的壞處是什麼？還是這樣想的策略是什麼？

因為這是最不用大腦的苦肉計？因為已經無路可走？因為把改錯想得太容易？還是想要讓對方沒話講、沒立場放棄，或者想讓周邊親友都同情妳？抑或其實妳根本不理解兩人關係的問題，甚至想將之當成攻擊的策略？

情變來時，就算你們之間的相處已經長久出現問題，仍會因為這浮出的狀況讓妳突然感到嚴重的失落。那感覺很像是愛的不甘心，但其實就只是「不甘心」，跟愛都無關。一如妳買了名牌包一直不用，忽然有天包包被人搶走了，才感到心疼。

既然女性總覺得男性情變都是因為下半身思考，覺得男人一定是先劈腿才情變，此時還要推出是自己不夠好的戲碼，就太假了。

情變發生時，如果發現妳仍愛著他，就先解決這個不能不愛的燙手山芋吧！為自己的需求做最後的努力，但千萬別死纏爛打悲情抓狂，沒有風度的求情只會讓妳死得更難看，尤其還得面對心機用盡後被揭穿的難堪。

就算問題真的是妳不夠好，難道不夠好是可以靠一時努力就轉變過來的嗎？難道妳過去的不好所造成的、對方心理的陰影是一時抹殺得掉的嗎？如果問題不是單方面的，還牽連了其他關係複雜的家人呢？

戀愛和婚姻的風險機率大家都知道很高，可大家都避而不談，也不會在關係確定前稍稍了解狀態。相愛就是高風險，硬要天長地久又不做功課的結果，就是自掘墳墓。

情變只是感情的一次分離，不管你們最後是不是選擇分手，你們仍會一起生活在這個地球的兩方。真要反省，就用放鬆的心來反省，這時候說什麼都會變得複雜而且增加壓力，不如先體諒對方，也許他是快透不過氣了？想想自己也可能需要透透氣，如果雙方都能放鬆，也許下次能以路人的心情在某個街口不期而遇，再次相見。

放鬆的心情才會給愛帶來轉機。

完美的伴侶不能完美

完美的丈夫和妻子真的不少，他們只管自己付出，
付出後還不承認有回收的期待，等關係丕變，
就將內心不甘傾洩而出。

他自認是個完美丈夫。

打從結婚那天起，他每天總是比妻子早一小時起床，不是自己做早餐，就是出門買早餐。等妻子起床走進浴室，就會發現牙膏已擠好在牙刷上，走到餐廳，就可看到今天的報紙，而那不管是買來的或親手做的早餐，也如五星級餐廳般整齊地排列在白色餐盤上。

結婚五年，他和妻子在不同的廣告公司當業務，但他不應酬、不抽菸、不搞外遇、不讓總是在加班和應酬的妻子有一絲勞累，家裡總是一塵不染，洗衣、做飯以及每週一次探視住在養老院的岳母，甚至孩子出世後，也幾乎由他照料。這麼完美的老公，為家庭貢獻如此多，應該是個完美的家庭才是，但他的妻子卻在半年前提出離婚。

他很懊惱地告訴我這一切，神色時而壓抑、時而不解、時而有

恨、時而又繳械般在瞬間放空。我第一個反應：「你有沒有想過，你把一個丈夫的角色做得如此完美，你的妻子為何想逃？」

「是因為外遇嗎？」他搖頭說不知道，不過應該是沒有，不然她會留下線索。我驚訝他這麼說，跟蹤？你跟蹤你老婆的行動？

「是啊，就像孩子突然習性大改，你不會想知道原因嗎？這樣做有什麼錯？」

「萬一你發現她什麼都沒做，又被她發現你跟蹤她，你想會怎樣？」

「就讓她知道，她的行為已怪異到我必須去找出問題啊，她不說，我怎麼辦呢？難道就如她所願，說離就離嗎？」

此時的他，突然讓我想起那些會找徵信社或自己去跟蹤丈夫的太太們，她們對於另一半想提離婚或發現不對勁時，總想弄得水落

演一個完美的伴侶並不容易，猶如把自己困在地獄。

石出，這舉動有可能不是單純的想弄明白。除了要瞭解真相，也一併想找出讓對方啞口無言的證據，並且想握有萬一鬧離婚時能置對方於死地的反擊力道。

「你沒想過她可能是被你嚇跑的嗎？」

「怎麼說？」

「你對她有哪些不滿呢？」

「很多啊，但我都包容下來。她一個星期至少一半時間都要到半夜才回家，結婚到今天，孩子都三歲了，她沒有一次比孩子早起。即使現在離婚了，她有時還會打電話請我幫她去買東西，只要能利用我，她就會好聲好氣跟我說，沒利用價值的時候，口氣就冷若冰霜，她真是很嬌生慣養。」

他又無語了。

「如果她那麼糟糕，離婚對你比較有利啊！」

之後我們鼓勵他去認識新女友，他總是搖頭，說會有罪惡感。有次半夜，他在網路上敲我，說他非常難受，因為前妻去北京出差，他猜她晚上一定會跟客戶去夜店玩，搞不好就跟人上床了。我說，那又怎樣呢？你們不是離婚了嗎？至此，我才發現他有病，是這個病把這個妻子嚇跑的。

他只是照表操課的完美丈夫，只要能跟完美沾上邊的標準，他都認真並用力地實現，就像死讀書的第一名學生，這個第一名讓他沉迷於自以為的優越感，他沒在乎過自己，他的感覺都取決於大家對他的認可，所以他也不會懂得妻子的感受，他只是給出他想給的，完全不知道他付出的一切，有多少是妻子不想要的。

面對這樣自以為是的完美丈夫，我擔憂起和他生活在一起的孩子。他那看起來西裝筆挺的外表，裡頭可能潛藏隨時會引爆的地雷。有次，我當著他的面問他兒子，爸爸在家會不會突然暴怒，孩子沒出聲也沒看我的點點頭，我就感覺不妙。所幸，因為就學的問題，他住在美國沒有生孩子的姊姊願意幫他撫養兒子。當他把這個訊息告訴我時，還上演一段假戲給我看，他說：「我是不是不應該這麼做？」可見在他的病態思維裡，把孩子交給別人帶，不符合「完美」的標準。

「不會的，你該考慮的是，怎樣的環境對孩子好，就該怎麼安排。」

完美的丈夫和妻子真的不少，他們共同的特徵是，只管自己付出，付出後還不承認有回收的期待，等關係不變，就將內心不甘傾洩而出，彷彿在向眾人抗議自己平日的付出都沒人看見。這樣的泣訴，猶如把自己困在地獄，永不止息地發怨。

愛不能硬撐

他愛你的定義是占有你，而不是跟你感情互動；
他恨你的定義是判罪你，不是真要跟你分離。

有時候太想把一件事做到完美，就有可能連該不該做都分不清。那什麼是不該做的呢？不該做到讓人覺得你很累。很累，是負荷量過大的明示，明知不可為而為之，以為撐著就能撐出希望，撐出偉大，殊不知接受你關懷的人壓力有多大！

別再假了！大家都知道付出愛的人都是不間斷的付出，因為付出的當下可是滿滿的成就感呢！只是當付出得到的回報不如預期時，假人們可是會拿著愛的帳本回來算帳，哪天哪次為對方做牛做馬的事蹟，哪年那月為愛赴湯蹈火的悲慘，這些帳本不但給對方看，也常拿來親友面前展示，而且說得模模糊糊，滿是哀怨，目的只為了讓對方乖乖認錯。

只是，這目的越來越難實現，這個時代已非上世紀那般虛偽，要人愛你，最好自然點，別在愛裡打悲情牌。把自己塑造成救苦救難的聖潔可憐假人，只會讓人更嗤之以鼻！

不要以為你付出了愛，對方就該全部買單，這種愛，就算全力以赴，專一到老，也只是顯得自私又任性。愛應該以對方有無感受、是否需要為標準，而不是一直給別人不想要的愛，這不是又煩人又不公道嗎？

你以為潔身自愛，不亂搞外遇就可以要求對方與你同進退嗎？你以為照顧對方年邁的爸媽，就可以換來對方對你溫柔嗎？你做盡了一切管家會做的事，是想兌換什麼好聽的話？

請你好好想一想你要換些什麼。能換得到嗎？或者你從未想過這件事，只是妄想妄為地密謀著，等到希望落空時，才不可遏止的露出蠻橫無理的醜態？這個時候的你不但處於精神耗弱邊緣，你的不平衡還將發展出嚇人的變種，你的孩子才是真正值得同情的受害者。

在感情上苦撐確實是個心機，咬牙忍痛演出、勇敢犧牲，看在家人眼中很難批評，事實上卻成了自己不放鬆，搞得家人也緊張萬分的危險因子。危險之處在於假人總是不說真話，他愛你的定義是占有你，而不是跟你感情互動；他恨你的定義是判罪你，不是真要跟你分離。一個參加歌唱選秀的選手，只要全身撐著唱，再好的嗓子都會讓人不舒服，自己都不舒服了，怎麼有能力享受並給予他人舒服的感覺呢？

然而這些假人會撐出什麼毛病呢？這些人會絕望地死守著他一手打造出的虛假王國，會更用力地掩蓋王國的真面目，執行僵化的公權力，並且更讓家人討厭。處在這麼緊繃的環境，假人得到的將是無法面對真實的世界。

撐出來的婚姻比比皆是，就看誰先做回自己，超過負擔而知道該休息或轉變的人，才是真正負責任。拉著全家人一起走鋼索，還要人稱讚他偉大的人根本是混蛋。

愛，真的不必時時刻刻都要滿分演出，這是需求與魅力的問題。如果你荒廢了需求和魅力，是無法拿任何付出來替代的；如果你是個工作狂，對愛的滿足過少，請重視你的愛。只會拿自己在婚姻裡的忠誠來要求另一半，根本就是愚蠢的表現。

大老婆該進化

把第三者當敵人的壞處是，
妳會讓男人忍不住要站在她那邊。

不要眼裡只有勝負，尤其是在決定勝負的關頭。

婚姻出現第三者時，大老婆除了青天霹靂，應該沒有其他更自然的反應了。這時候的大老婆切記，當道德和輿論都站在妳這邊時，妳可別太囂張也別太可憐。如果妳是名人，被記者堵上時破口大罵第三者不要臉，更是太囂張。時代真的不一樣了，大家在心底已經有了新的集體共識，那就是「感情的忠貞，一旦透過法律或道德才能得到，那就表示當事人都在做假！」

既然身為有廣大群眾給你安慰的一方，還要當眾洩憤，就會給人得勢不饒人的不可愛印象，漸漸地，對妳不利的聲音就會出現：「難怪她老公不愛她！」看到了吧，我們這年代，女人還是被上個世紀的觀點統治著，教導妳要做個溫柔大度的女人，給小三面子，就是給自家老爺面子。

至於別太可憐，就是不要當個可憐兮兮的受害者。感情要說是誰害誰，真要公道的談，任一方都有責任。沒有受害者，只有自願者。最受歡迎的大老婆是獨立、理性、真性情並懂得包容的。妳若過度表現可憐，只會讓人厭煩。

萬一終究要上戰場，妳最好先清楚妳的對手是第三者或是妳的丈夫，或者兩者都攻。當外遇彈爆發時，就算妳早就知道會有這一天，還是會驚慌失措，因為妳需要全面對抗，對丈夫、對小三、對朋友、對家人、對媒體（有可能牽扯到哪個名人）、對子女（如果有的話）、對利益、對道德、對法律，最重要的是對自己。

沒有一樣是容易的，而且環環相扣。這些人，就算已決定站在妳這邊，他們也不一定是認同妳的所做所為。我們的社會除了給男人和第三者貼上負面的刻板標籤，大老婆也無可避免。老公會外遇的大老婆，社會給她的殘酷標籤如下：

一定很強勢、個性很討厭、什麼都要管、什麼都要盯、報復心

強、老態龍鍾（因為社會都認為男人外遇都會找更年輕更漂亮的，其實不然，所以這標籤其實來自於對男人的誤解）、疑心病重到會請徵信社跟蹤、死要錢不做愛等。冰凍三尺非一日之寒，大家不會白癡到以為這是突然發生，妳要留意的是，不要被那些標籤說中，能真性情演出最好。

對現代社會來說，一面倒支援大老婆的局勢將越來越少。也就是說，以後大家不會對婚姻出現第三者的事件，像過去般對大老婆無異議的支援。未來人們會更重視長久關係的狀態，而非一定以「外遇就是不對」來思考，也不一定會再鼓勵人們以忍耐來換取表面關係。

外遇可能就像婚姻得了癌症，妳可以選擇化療或放棄。如果這時候還要把心力全放在你爭我奪上，就如同選擇化不化療的同時，還要上戰場打仗，很可能會兩敗俱傷。這就是以前的大老婆最笨也最醜態畢露的地方，她們無視可能要付出的代價，只要能讓對方不好過，自己不好過也沒關係！

坐下來談談吧！也許妻子和第三者往後能坐下來談的機會會迅速增多。把第三者當敵人的壞處是，妳會讓男人忍不住要站在她那邊。把以前刻板印象中的大老婆模式忘掉吧！該在乎的，是妳在這時代要怎麼進步，才會比過去的大老婆都更快樂、更自在！懂得靜下來談談的人，才可能經一事長一智，而非總是用那些連自己都沒想過的情緒，去心機、沮喪，到最後卻還是只能望眼欲穿，失去了所有。

情敵不是敵

沒有一種愛值得你打敗誰。
當關係只剩下得失心，愛可會是第一個殞落的東西。

情敵出現時，人們總把他當作首要敵人，但真是這樣嗎？

不管那時你是競爭者，還是已婚，或是男女朋友，都別誤判情勢。誤判不僅讓你白費力氣，更可能讓你被判出局。就算你打敗了情敵，也不一定能獲得情人的青睞，就像歌唱選秀的選手，你若只把重心放在打聽對手唱什麼歌，等待對方失誤，或是設下陷阱讓對方跳，這些心機用盡的爛招，萬一被發現，可能連身邊朋友都看不起你。

情敵出現，可能有其他因素。比如你的情人就是很花心（說不定根本不只這個情敵），或是你疏於灌溉你們的感情，兩人都到疲倦期很久了，甚至有家人惡意的介入……不管是什麼原因，都不會是單方面的，更不可能簡化成一個情敵那麼簡單。

愛本來就很現實，不是做好分內的事就能維持，更不是確定關係就能長久。當魅力不再，空虛就會出現，夢境就會消失，更有魅力的人就會進來。

你可以用正面的情緒看待情敵的出現，當然也可以用負面的。正面的方法就是重新看待你們的關係，適不適合再走下去，是不是需要重新創造自己的魅力，是不是該和情人好好談一談。正面的態度是要你積極去愛你所愛的人。愛情，絕對不是白吃的午餐。

若你用負面的情緒去處理，可能會看不見你的表情有多猙獰、多憤怒，多麼缺乏魅力。最大的損失還不只如此，負面情緒會讓你以為問題都在別人身上，以為自己是最大的受害者，以為情敵是唯一的破壞者，如此下去，你就會用報復來取代魅力，用傷害自己來證明自己才是真正懂愛並為愛付出的人。

就算是遇到行為低級的情敵，也要想想，你深愛的這個人，是不是一個值得託付的人，不然他怎能眼睜睜看你被欺負？如此複雜的愛是你想要的過程嗎？也許，情敵的出現能喚醒你們沉睡許久的感覺。敵人，不見得都是爛人，有可能會激勵你成為更好的人，沒有他的提醒，你可能不知道你已長久都沒細膩、體貼地去對待你愛的人，更不會意識到感情永遠存在著競爭者。

也許生活就是太忙碌又壓力太大，也許感情就是不易保鮮又誘惑太多，也許命運總是跌到谷底又柳暗花明，也許你自始至終沒想過，愛對你最重要的意義是什麼？所以我們總是在問題出現後才發現問題，總在失去後才瞭解獲得。有沒有想過，情敵沒出現之前，你們的關係是不是就一塌糊塗？如果是，你怎麼好意思把責任都怪到別人身上呢？

沒有一種愛值得你打敗誰。真要說成戰爭，你就得先讓自己強大。當關係只剩下得失心，愛可會是第一個殞落的東西。

信任就像毒品

那些長期嗑食「信任」毒品的人到最後只會脫離現實，
再也沒有能力活在不完美的現實中。

在感情世界裡，「信任」到底是什麼？是山盟海誓？還是對愛情深信不疑？是絕不會外遇的保證？抑或是有條件的信任？

兩個人在熱戀期，對愛人的付出和期待都是滿到要溢出似的，總會聽到戀人們信心滿滿地說：「我們都無條件信任對方！」但當兩人簽定婚約後，這份證書卻只證明了——原來信任並沒有那麼堅定。否則如果兩人真是百分之百的信任，又何需用法律文件來為愛情背書？

會不會其實，信任只是一個謊言，是你為了掩飾對未來的恐懼，才給現在的幸福套上的保護膜？不然為何那麼多的信誓旦旦，最後還是破滅呢？

到底信任是什麼？信任彼此在往後的關係裡不背叛？還是信任對方永遠忠於自己？信任如此不堪一擊，是否就因為它既模糊不

清，又各自期待不同？

其實一般人說的信任，大多是對自己的信心喊話，就像在爬坡的階段會對自己說：「我一定會成功！」這些話的動機有其正面的意義，但也有負面的心情。正面是不管遇到怎樣的難題，鼓勵自己勇往直前；負面是給自己甜頭，卻忽視感情裡的問題。

信任，應該是一種態度，一種對人生的信任。沒有面對人生真相的勇氣，說穿了只是自欺欺人的假信任。這種假信任一旦遇到突發狀況，就會如西洋鏡般被拆穿，畢竟紙包不住火。

那要怎麼信任人生呢？

首先，你必須知道，人生是充滿變數的。人性會受到考驗，感情則是非常現實的。如果沒有感動，日子久了就可能出現問題，這問題不一定要有他人介入，光是長久的不體貼就容易出現裂痕。了解人生的真貌，你才可能用公道客觀的態度去信任。

會輕易說出彼此信任的人是可笑的，你怎會以為自己可以完全掌握對方對你的信任呢？連對自己都不一定有把握了，你怎麼敢瞎說別人會做到？單方面的信任又有何意義？

每當在網路上談論信任議題時，我都說信任只會招來懷疑，因為懷疑對方能否做到，才會談論信任。此時，就會有人反駁我，說他們夫妻彼此就很信任。這回答沒錯，但不夠精確。在時間上，你頂多能說此時此刻的你們仍保有信任，但對於未來，充其量是期望，不該那麼肯定。不然，真的信任，又何來承諾？如此相互信任的夫妻，他們敢把婚約拿掉嗎？

婚姻和感情切忌用口號來包裝，你越是美化，它就越可能虛假。信任一旦變成美化的工具，當狼來的時候，你將會因為沒人幫忙而感到無助。你會發現，被口號這東西傷害最深的，不是別人，而是自己。

不先將不信任的部分挑出來，小心變成偽善。虛偽讓你彷彿置身童話世界，以為把分內的事做好就能得到完美結局，以為有了全面卻空洞的信任，就能向對方予取予求。

慢慢地，信任就像毒品，帶你遁入虛空，癮越大，貪婪就越大，大到把對方逼至懸崖都不知停止。那些長期嗑食「信任」毒品的人到最後只會脫離現實，再也沒有能力活在不完美的現實中。

感情付出越多，期待越多，也越危險。增強信任的方法無他，首先要好好經營自己，增加魅力，不要再說感情只要雙方好好經營就足夠之類的鬼話，你的自信只能對自己要求，想要求別人信任，只能靠自己的魅力，而不是口號。

謊言和情話常是一體兩面，而信任的出現往往伴隨著愛，所以當愛不在的時候，該如何讓自己和對方依然能守住信任，才是你該思考的問題。

CH3 在一起的另一種選擇

上一代的婚姻也沒有比較幸福，
他們的狀態仍是形式多於實質，
只是礙於傳統壓力，就算在地獄裡也不分離。

分手是在一起的另一種選擇

對於感情，人類就是不習慣說實話。
有多少人該分手，卻始終沒分手，最後落得身心失衡。

想分手，不敢提，為什麼？

因為在愛情或婚姻制度裡，沒有退場機制。

不論是愛情或婚姻，都強調負責，不管交往或結婚了，表示貨品既出，買家要負責到底，若要退貨，概不負責。

在漫長的共同旅程中，突然間發現了分岔，突然間很多感覺不對了，你們之間累積太多難以釋懷的埋怨，而那些埋怨不會眼不見就為淨，當然更不會因為忍耐而消除不見。承認吧——其實你也很冷靜的想過，分手有可能是讓雙方能夠喘一口氣的好決定。

可惜，我們的社會不允許，不允許把分手掛在嘴上，要你更有耐心、更有愛心……說穿了，就是什麼方法都可以，就是不能分手。這不就是要你只重視表面關係，內在能否契合反倒沒那麼重要，不是嗎？

還是你認為，只要不放棄，一切就有希望？

沒有新辦法，也沒有反省的能力，怎麼會有轉機？

大家都怕提分手，深怕一提，對方就一口咬定小三外遇，才不信你是沒有感覺或感情了。想到這個畫面，誰還能信心堅定地提分手？也許女性在這方面比男性勇敢些，心態也健康些。因為男性總是被提醒著，要謙讓女性，才有男子氣概，所以總怕女性一聽到要分手就痛哭心碎，久而久之便擱置著，不提了。

不提，就是把問題擱著，擱久了，就會認命了。很少有人會趁此機會，好好重視這問題。

其實，分手，是緊張的感情關係的鬆弛劑。

與其去想分手時的孤單、無助、沒面子……還不如去想分手後帶來的放鬆、簡單、獨立……。能在第一時間接受分手的人，很可

每個人都是獨立的個體，
沒有誰屬於誰。

能也是能第一個恢復到理性狀態又不會情緒偏激的人。人在理性時，就會比較公道，也比較能回想過去美好的相處。若能如此，復合的機會才能大大增加，而不會硬綁在一起，既毫無辦法，又放不下疙瘩。

重點是，你越怕孤單，就越顯得孤單，越沒辦法脫離孤單，就更會做出讓人討厭的行為，比如抱住浮木般的溺水模樣。不要一副可憐樣，在幸福面前你若毫無光采，誰會相信你配得上這幸福。

分手，最怕是弄到傷痕累累，這表示大家都不得要領，卻還如賭徒般擲出骰子，他們憑藉的只是運氣。但你或許會問：萬一弄假成真呢？

難道大家妄想的，就是死都不分手？

分手，可以讓彼此的期望暫歇；分手，未必是分開，而是讓兩人有比較放鬆的狀態，否則事情怎麼有機會好轉。我們聽到的分手壞處，都是前人的壞榜樣，因為他們沒能力處理，只好恐嚇你不要分手。

秋天了，寒流來的那幾天，一個人走在人群中特別容易聞到孤單的氣息，每個人都是獨立的個體，我們只是在某時某刻某地和某人相遇，沒有誰屬於誰。除非我的心裡只有你，而你只想屬於我，但這也不保證會持續多久。

會讓人寂寞的，不是哪個人或哪種愛情，愛本來就必須由寂寞來引導，沒有足夠的寂寞，愛不會被熾熱地需求。也就是說，愛若要存活，就必須懂得製造寂寞和燃燒渴望。

對於感情，人類就是不習慣說實話。有多少人該分手，卻始終沒分手，最後落得身心失衡。

分手，若分得好，就能慢慢養成凡事都往正向發展的能量。若沒有能力好聚好散，將造成無比的損失。沒有能力好好相處，就是可以考慮分手的時候了。

分手未必就代表沒有感情，只代表分開。分手是在一起的另一種選擇。

沒有婚姻制度的未來

想透過婚姻來綁住一個人，就是不懂人性！
沒有依賴，經濟獨立，尊重隱私，體諒欲望，
這才是真理。

諾貝爾文學獎得主蕭伯納預言未來五十年內，地球將沒有婚姻制度，你會擔心這世界大亂嗎？還是你怕成為滿清最後一個纏小腳的人？

婚姻能為我們帶來什麼？它對男男女女究竟有什麼保障？

坦白說，沒有任何保障。你所期待的，都必然要獨立耕耘，才有收穫。那好處呢？或許有，但都有但書。有人認為，如果沒有婚姻制度，人們就會亂搞，到處都有私生子。但，觀察一下我們身邊單身的人，他們不僅有良好的生活品質，更不像某些已婚人士亂生小孩又不負責。因為單身的人知道，若有了孩子，必須要自己養自己帶，反而不敢隨意生。反而是那些認定對方可以一起養孩子的已婚者，常有工作不穩定就生孩子的情況。

所以，有可能是我們被婚姻制度嚇到了，不敢對它質疑，無力深入思考，總是對它充滿過度妄想。

然而事實上，想透過婚姻來綁住一個人，綁住我們期待的幸福，就是不懂人性！

過往的婚姻制度，漠視個人的生活、空間、感覺與夢想。所以從前的夫妻，一進婚姻就忙著車子、孩子、房子，加上兩人大都在還不夠成熟的年紀就扛起這些重擔，第一個被犧牲的就是兩人的感情。沒有任何條款的婚約宛如無字天書，帶來的不是全盤信任，而是無盡的猜疑。

很多夫妻一談起自己的婚姻狀態，總有說不清的抱怨和無聲的嘆息，因為傳統的觀念要我們當勇敢的忍者，只是，在這麼龐大又複雜的關係下，誰不辛苦？誰不委曲？所以兩方都有很多話要說，不說的原因是：說了又有什麼用？

真正的人性需求，就是要簡單。不要把恩情和感情綑在一起，不要將責任和信任混為一談，不要無度索求，不要嘴裡說是無私奉獻卻又不斷抱怨，因為這些死結都將是讓你們靠不近又分不開的地獄輪迴！

婚姻裡的夫妻有多虛偽？

不求改善、寧願死守；從不耕耘、妄想收穫；想要信任、卻是猜疑；渴望真情、不懂勾引；沒有尊重、盡是責怪；修飾外觀、內在腐朽……大家都知道這樣的狀態極為普遍，卻沒有幾個人膽敢唾棄、起身革命。一如纏小腳，殘忍到極點，但無人敢明說。那些能把婚姻經營得令人稱羨的人，沒有婚姻，他們仍會是負責的高手，真的不需誰來提醒和約束！

說穿了，婚姻只是人們因為無法信任彼此而設下的荒謬制度！

當離婚率破半，當結婚率低到連婚紗攝影公司都急速萎縮，當下一代質疑上一代的婚姻狀態時，你的態度就決定了你的未來。你是在乎個人生活品質多於社會期待？還是為了滿足傳統的恐嚇而

忽略了人與人之間的欲望波動？想過一個樣樣平衡的人生嗎？想有一個簡單不負擔的感情嗎？想做一個輕鬆自在的人嗎？沒有依賴，經濟獨立，尊重隱私，體諒欲望，這才是真理。

憑什麼要他對你忠貞

尊重才是婚姻裡最需要的忠貞。
它以「尊」取代「忠」，以「重」來代替「貞」。

愛與忠貞，其實沒有血緣關係，它們是因為婚姻才湊合在一起。一個感性，跟著感覺走；一個死硬，潔癖又難搞。婚姻夾在這兩者之間，一如兒子處在婆媳惡鬥中，兩方各有立場也各有道理，均有痛處也滿懷委曲，自始至今沒人能擺平。面對未來，只剩一聲嘆息，原來，是人在姑息。

人會姑息，是因為恐懼，恐懼自己是不忠的人，恐懼不忠被孩子看不起，恐懼被放大為誠信有問題，恐懼在忠貞面前，所有的問題都變成背叛。這就像政客老愛拿愛國主義的高帽逢人就戴，把真相簡化成對立，讓貪婪化妝為英雄，那些造成背叛的複雜因果沒人追究，也不曾消化，更不能包容。

忠貞的意義是什麼？忠貞的範圍為何？是警告對方不要外遇嗎？還是擔心人就是那麼容易外遇？若不外遇是忠貞的底線，這樣的忠貞是愛嗎？這讓人不禁想起那些愚忠的前朝追隨者。前朝不合時宜，已淘汰出局，追隨者仍精神相依，甚至把此精神洗腦般地交棒到下一代。愚公移山就是個危險的故事，這麼不科學的夢想，卻代代傳承遵循。為何非得要求你的下一代要努力追尋、完成你的夢想呢？這是我們從小被洗腦的結果嗎？

忠貞的地位或多或少是靠前人強力宣傳的，內容其實很荒唐。因為它沒理論，只是一句廣告詞，任由大家各自參透。這些說法各成一格，並擁有不少支持者，例如：「忠貞是愛的表現，愛一個人就要忠貞。」我接受這樣的說法，但我不能接受這說法硬要套在所有人身上。它適合某些人的選項，但不是全部。

感情是這樣的：當兩個人濃情蜜意時，即使面對「不可能的任務」都不會是問題，但當兩人出現問題時，距離與不平就會浮現，忠貞的念頭就會淡化，但不一定有第三者出現。若距離和不平出現而忠貞卻沒淡化，這狀況會更惡化，因為忠貞有可能會變成仇恨一個人的武器。

一個把忠貞當作婚姻幸福的人，是個愛情賭徒，內心存有虛幻的期待，將生命當作賭本，毫無把握又充滿信心，只是最後的勝利者通常都是命運。奉勸各位，唯有相處品質融洽才是忠貞良方。

其實尊重才是婚姻裡最需要的忠貞。它以「尊」取代「忠」，以「重」來代替「貞」。這不是封建時代，誰都不是誰的財產，更不許以愛之名、以道德之名給人定罪，一個真正愛滿盈的人，不會問別人為何不愛你，只會問自己如何讓別人愛自己。

當這個和你許諾婚約的人外遇，你可以做兩種決定——繼續或終止。這是婚姻中的合約權益，但大多數人偏偏不想如此，他們總想各種辦法搜尋證據，甚至埋下陷阱，為脫產或移產做準備。由於過程充滿不確定性，有人甚至因此得了憂鬱症。在是非黑白仍混沌不明時，雙方已為彼此判刑，手上舉起兵器，戰況驟升到紅色警戒，以愛的怨氣作為號召，一群被洗腦的親朋好友成為部隊，這就是我們在婚姻中看到的全貌。

一場婚姻的結束，不代表關係的終止；一次感情的挫敗，可能是下次成功的基石。人掉進大海越恐慌就越抓得緊，所以要「放」，放鬆，讓身心平靜，直到生命終點，你才能體會到愛，那曾經美好的存在。

為愛改變是種實驗

改變，是動力；不改變，是定力。
但沒有不變的，至少時間從不允許你這麼做。

為了愛，改變自己，是很甜蜜的。

但甜蜜之後，如果你想得到回饋，那就是貪心。就算你因此得到回饋，也是你運氣好，不是計畫得逞。

改變，就只是改變，只能說是一種實驗，沒有對不對，只是需不需要。

很多在愛裡沉淪的人，因為怕失去這個人而誤以為，為她（他）改變可以討對方開心，但討好的盡頭可是寵壞。討好帶來的都是一時的開心，既卑微又不值錢，久了還會生膩。想從改變得到對方的滿意和認同，就不能讓對方察覺你在為他改變，沒有人會珍惜奴僕般的情意，人都是往高處看時才會仰望。

當然，有些人是為自己而改變的，雖然這改變有些許成分也是為了對方。比如這段情讓你變宅了，讓你想做個居家又上進的人；或者你厭倦了以往的生活方式，想換一種生活態度，不知道能否

成功，那這就是個轉變的機會。

想改變的人總是阻礙重重，周圍的人可能會取笑、責怪你，你自己也可能產生惰性又沒信心，畢竟這不是你的強項，你靠的是愛帶給你的激情，當愛不見時，這改變很可能突然終止，很可能功虧一簣，沒有愛做燃料，再好的食材也會被浪費。

有些人一談戀愛就與世隔絕——朋友的聚會不再參加，工作也拋在腦後，什麼都以對方為主，大家都說他腦殘又任性。但真是如此嗎？難道這樣錯了嗎？愛，本身就是瘋狂，你認為的身心平衡是你認定的價值，但誰說生活一定要有工作？誰說朋友聚會不能休息幾年？那些想提早退休的人又怎麼說？那些因出國而很少連絡的朋友該如何解釋？沒有身在愛的進行式才會把理智當主食。當愛萌芽的時候，沒有任何改變，才是辜負愛的大壞蛋。

可是，我們也看過太多為愛改變卻差點丟了命的例子。你會問這是對的嗎？我說，任何事都會有衝過頭的人，也許在這些人的思維裡，衝破和極限是他們的目標，能不能活命不是那麼重要，他追求的是更刺激的感受，他理解的是更深層的探索，不見得是粗淺的認知。這是個不再由主流價值統治的年代，每個選擇都有它實驗和存在的意義。

大家都想改變，卻都怕改變。但改變是人類進步的關鍵之一，卻受到很多人的強力阻止，持反對立場的人會拿很多失敗的理由來嚇你、罵你，甚至恐嚇你，但哪個成功沒有歷經過失敗？

改變，是動力；不改變，是定力。但沒有不變的，至少時間從不允許你這麼做。

愛他但不想嫁他

這樣的想法會越來越四處開花，
只有那些以為花一定要種在盆栽裡的人才會感到不安。

有沒有一種可能，妳想和另一個人穩定下來，擁有像已婚的人一樣的親密關係，只是妳很明確的知道自己不想結婚，也不確定能不能讓對方明白你的心意，因此為之苦惱？

如果把妳換成是男人，這男人才說完，絕大多數女性一定會認為這男人就是不想負責，不然真要愛一個人，怎會怕結婚呢？

硬把自己的人生塞給別人然後叫別人負責，是最霸道的假責任。這樣的思維就是把責任當作愛的分數，負的責任越多就以為是越偉大的愛，等大到超過負荷還要硬撐，造成長期的不輕鬆，即使看來滿臉堅毅，卻也滿心怨氣。

情到濃時做的決定反而要小心，因為婚姻是大部分的平淡日子與小部分的起伏組成，所以那些想跟對方結婚的當下、想為他負的責任，都可能是太感性的衝動。這樣的責任如果往後沒有長久而紮實的愛做支撐，就會不堪一擊。

人們真的知道自己在婚姻裡要負的責任是什麼嗎？還是只準備兵來將擋，水來土掩的隨機應變？但我要提醒各位，這樣粗糙的責任心就等同抱著你愛的人矇眼走鋼索，將未來和責任懸於一線。

會把結婚當作愛的標準就是弔詭。很多人不都說，結婚靠的是一時的衝動，等衝動做了決定後再為決定負責，所以你有可能是在為你做的決定負責，而非為你愛的人負責。況且，你可能也不清楚你愛人的期望，只是像很多踏入婚姻的人一樣，無知的以為保有婚姻就是最好的責任。

不願意嫁，就是不愛或不夠愛他，這邏輯其實就是前面說過的、套餐的概念。硬強迫你全部接收，也不管你喝不喝搭配的可樂，不管你在不在乎實質的營養。當有人跟你說，我們可不可以為每一餐稍微用點心？那些對身體不好的形式化可不可以拿掉？是否更深入地想一想不結婚對兩人長久相處的好處？不要不瞭解就推翻別人的意見，這只會顯出你的脆弱與恐懼。

當然他也可以說服妳結婚，說服的耐性就是尊重。這樣的尊重也許真能令妳被說服，畢竟願意為妳愛的人去實踐妳不認同的事，也許反而能讓對方更寶貝妳。但總而言之，結不結婚都是人該有的基本權利，越強制執行婚姻，就越讓人覺得這制度可能是暴行。好的制度，只要說明得宜，哪還需要強行？

或者這時代仍未進步到人人都能自在選擇自己想要的感情形態，只有黑與白的選擇，其他的顏色就可能變成異類。妳可能一冒出想分房睡的念頭，就被解讀成婚姻出現問題，妳可能還要犧牲夢想與事業……以為受限越大，丈夫的愛越加倍。這些都是傳統不准妳思考的部分，而妳願意像以前的女性默默地略過嗎？

距離，並不一定會讓人疏離或擁抱，也不一定讓心暖和，或許嘗試會帶來更多可能。

當妳愛他的時候，能不能比他更堅持原則？這時妳最大的對手絕

不想嫁，但想一生一世和他在一起。

對不是眼前的男人，而是妳對他的愛。因為愛更容易讓人神魂顛倒、喪失理性，所以他一旦以分手威脅妳，妳若想不受威脅地馴服他，就必須在戀愛之前把這些可能會遇到的事想通，甚至一開始就跟對方坦白立場。在彼此最有耐心的戀愛初期討論這些問題，最有空間獲勝，等陷入愛的深淵時，談什麼都事倍功半。

妳不想嫁，但妳想一生一世和他在一起，這樣的想法會越來越四處開花，只有那些以為花一定要種在盆栽裡的人才會感到不安。就像地球在這一、兩年大大震盪，這震盪同樣影響人們對未來的生存計畫，很多觀念已在釜底抽薪。不嫁，只是開胃菜，真正的主餐，就是正視妳的人生，不再為虛有的形式浪費。

做自己不自私

一個不在乎有沒有自己的情人，其實是個可憐蟲，
很容易讓人生厭並淪為附庸角色。

很多做不了自己的理由都是：「只做自己不是很自私嗎？」不然就是：「難道做自己，就不必管別人嗎？」其實這樣的疑問，都是在為自己找理由。真要做自己，就會往解決問題的方向思考，既然方向是對的，為何還為不對的方向找藉口？

做自己，需要很多勇氣接受失敗，畢竟這個世界沒那麼多雅量接受新的嘗試。做自己，並不是那些做不了自己的人常說的那套歪理，說是自私、會亂了秩序。其實做自己，就是拿自己來做個實驗，沒有實驗精神的人，就只能走老路，就只能畫地自限，而腦袋都穿同一件制服，就是退化。

那些不讓你做自己的人，他們的心理都是充滿恐懼的，甚至骨子裡是很羨慕你的。他們恐懼的是，萬一你成功了怎麼辦？就算他們是你的父母，他們的邏輯是，與其做個被人稱作怪物的成功者，不如乖乖當個不出錯的棋子。至於羨慕什麼呢？羨慕你的世界比較有人味。

做自己，很氣餒，因為大部分的人都扭曲你的努力。

做自己，很受傷，因為失敗的機率很高。

做自己，很難，因為可能至死都找不到自己。

但做自己仍然很屌。不是因為我們會得到什麼，而是我們並不孤單。這世界大多是選擇做自己的人在領導，而這些領導者絕對不會高高在上，要你這個不能做，那個不能做。

流行，代表的是接受年輕人的思維突破，這突破不僅是新一代的意識集合，是做自己的象徵，也讓我們的未來不再和過去重疊。然而不能接受新思維的人，抱著過去的經驗不放，就無法耐心細想年輕人為何這麼做。只會說一代不如一代，時代不進步也不變化，這樣合理嗎？這樣的態度要怎麼對下一代負責？

從小，我們的教育就一直告訴我們做自己是很重要的事，雖然說的人從未詳加說明，雖然長大以後這些人還會告誡你，有很多場合還是不要做自己比較好，儘管這時代並沒有我們想像中進步，我們的心裡還是有一把尺——做自己的人不會浪費太多時間在造假這件事情上。

那些在感情上無法做自己的人，就像失了魂魄，還以為把靈魂都交給對方才是愛的極致表現。這樣想的危險在於，當對方不想要你的靈魂或是不好好照顧你的靈魂，怎麼辦呢？說穿了，一個不在乎有沒有自己的情人，其實是個可憐蟲，很容易讓人生厭並淪為附庸角色。

你怕做自己嗎？

你會不會不讓別人做自己？

不能做自己的人生會損失什麼？

條件，也許可以用另一個字眼來取代，就是「需求」。
需要有你幫我完成幸福，
不管是不是能做到，你都給了我勇氣。

有條件的愛合理

愛，不是不該有條件嗎？如果愛有條件，不是很商業化嗎？多數人不願承認，但我要說，是的，愛本來就是個商業行為。商業基礎不就是我滿意，才願意跟你交易，不是嗎？

人們總想把愛無限上綱，認為愛該如何偉大，這到底是為了什麼？是以為愛得越沒底線就越有把握，或只是為了呼應社會的期待？一般人聽到條件論就反感，總認為與金錢有關，好像愛跟錢或實質財產相關就不純粹了，就髒了，但真是這樣嗎？

對方沒錢，你敢結婚嗎？對方有暴力傾向，你能包容嗎？如果你愛乾淨，他卻相反怎麼辦？這些條件未必跟錢有關，也不一定是什麼大事。像我有個朋友，從小就不喝純水，也討厭蔬菜和水果，他們全家都知道他的怪癖，有次他老婆跟他有小小的爭執，就用他最受不了的方式反擊……她拿橘子丟他，而且連丟三次，我這朋友差點和老婆離婚。聽起來有點誇張，也許有人覺得小題大作，但這就是他的底線，人人都有各式各樣的底線。

能在決定愛下去之前開出條件是好的，那表示你在乎彼此，表示你願意讓對方清楚哪些事你有警戒線，甚至提醒對方也該提提自己的需求，畢竟兩人在感情和生活上的相融不是那麼容易，不可能什麼都契合，愛也沒有萬能到能解決這些不契合。相愛前若沒有以溝通開始，往後可就沒有溝通的空間了。因為往後可能都是發生事情後才說出心底的不滿，甚至依然不會說。

避談條件，條件就不存在了嗎？當然不，那些沒說出的條件就會變成怨氣積在心裡，那是藏不住的穢氣，竄流在彼此的言談與肢體間。而且長期隱藏更會讓你變成虛假之人，假裝一切都正常，你甚至還會批評那些開出條件的人，好像你最大方、最不計較。

如果有人說我要嫁給有一千萬存款的人，你會怎麼想？

如果另一個人說我什麼條件都沒有，你又會怎麼說？

一個連條件都不開的人不見得什麼都不要，很有可能是在要求你的所有都要是他的。你若什麼都沒有他也能跟你一起打拚，但如果你負債太多，他可能就沒法跟你奮鬥下去，不是嗎？能把條件講清楚的人，遊戲規則相對清楚，不用猜，也不會誤會，不是反而輕鬆嗎？

沒有條件的愛，小心會轉成瘋狂的愛，不管你如何對待，他依然瘋狂。他心底藏的也許是：「我不能接受沒有你的人生。」這未免太恐怖了吧！把自己的人生跟別人緊緊綁在一起，這是什麼愛呢？也許有人就是需要這種愛，是的，但這也稱不上無條件，這應該就是「最大的條件」。不管你是生是死、是好是壞、是愚蠢或聰明、有錢或欠債，你都是他的，這就是他要的條件。

條件，也許可以用另一個字眼來取代，就是「需求」。需要有你幫我完成幸福，需要有你幫我實現夢想，不管是不是能做到，你都給了我勇氣，讓我開口跟你說這些。或許這些條件都太不現實，但說的過程也是跟愛人溝通的過程，婚姻有沉重的負擔，愛情是多變的情緒，沒有一點坦白的需求，幸福來得就會比你想的一次不如一次。

愛都是從需求開始的，但愛走到後來，就會有更多的需求，不是你幫我倒一杯水就能幸福的了。漫長的相處如何保鮮又滿足，靠的還是智慧和重視。減少需要的落空，就是不要給對方太大的負擔，並且養成獨立的能力，條件越小越容易實現，也能讓對方有自信，因為他完成了你開的條件。

我們都渴望愛是純真、虛幻與長久的，但行為卻往往自相矛盾——不說內心話又現實。條件既然是人訂的，只要心態不是害人害己，為何不能提出來？不提，也只是彼此不坦承的開始罷了。

為錢結婚無罪

這社會只認同為愛結婚，好像除了愛，
其他選項都是不入流的。
婚姻從來就是種需求，不是什麼高尚的目標。

如果你偏愛胖子，對瘦子一點感覺都沒有，你會因為瘦子有一億存款就跟他結婚嗎？

很多人鄙視別人為錢嫁入豪門，不知道是覺得愛情一涉入金錢就顯得現實、過於缺德，還是認為金錢不算個人魅力的一種呢？或是認為因美貌而結婚，比為了金錢而結婚高尚或理性？金錢帶來的不只是金錢，更代表著背後隱藏的身分與生活水平。你曾想過自己是為何結婚嗎？是一分不知能存活多久的愛？還是你自以為擁有能包容一切缺點、克服生活困頓的雅量？

我並非鼓勵大家為錢而婚，只是希望大家能尊重其他人的選擇，我總覺得這社會只認同為愛結婚，好像除了愛，其他選項都是不入流的。為何結婚？有人是為了父母，有人是年紀到了，有人為了面子……不管為了什麼，多樣選項才是健康。

婚姻從來就是種需求，不是什麼高尚的目標。

那些口口聲聲說為了愛而結婚的人，聽來夢幻，卻敵不過諸多現實，細看其實充滿矛盾。

試問，這純純的愛能否撐起婚姻最起碼的壓力和消費？理性的人絕不會有肯定的答案。當然，如果愛可以持續保鮮、如果愛能夠支付所有帳單、如果愛不被外人介入、如果愛沒有無心的傷害……，那麼這個答案或許是肯定的。

你會反駁：沒有愛情能夠結婚嗎？

我說，當然可以。難道相親結婚都是因愛而結嗎？或者你真以為夫妻間的愛能永遠存在？夫妻的關係既然能從愛變成不愛，當然也能從不愛轉成有愛。愛需要被重視才能啟動，它是在眾多好感中累積出來的。就算得不到激情般的摯情烈愛，也好過相敬如冰的表面關係。

細看離婚的原因，金錢壓力占最多數。感情問題或許可以擱置不理，但現實的財務壓力一刻也不能等。有位網友就跟我說，要我去問問婚齡三年以上並有孩子的女性，保證有八成的女性會認為，婚姻即使沒有感情依然可以繼續，但若一刻缺錢，就等於時時刻刻活在壓力鍋裡。

可見，婚姻和愛情不同。婚姻是兩人三腳的集體考驗，有時需要默契十足的同手同腳，有時需要天塌下來勇敢力挺的肩膀，有時面對毫無人性的傳統規矩需要寬容，有時就需要絕對的認命與接受……兩個人的食、衣、住、行、育、樂、性、錢、孩子、祕密等都要緊密結合。有些事不退讓就會發生衝突，有些愛不放下就會心痛難當，有些人不認命接受就得試著改變。

當已婚的人對婚姻之惡噤不出聲時，就表示婚姻能進步的空間變小了。這就好像父母過度寵愛孩子，孩子犯了錯也假裝沒看到，最後養成孩子惡習。既然你不會認為那些對小孩有所要求的父母是不關心孩子，那麼，當有人說婚姻哪裡不好，甚至提到廢除婚姻時，難道也是不關心婚姻嗎？

當然，婚姻本身沒什麼好關心的，它只是制度，真正該關心的是人和愛。但我們的普世價值仍是表面一套，裡子又是另一套，這樣的不誠實思維，只會讓婚姻的需求變成口號般的場面話。

婚姻不該如此，它應該是能滿足人人不同需求，呈現多樣貌的姿態。純粹為愛而婚可以，但真正為錢而婚也該尊重，因為一旦步入婚姻，就不可能忽略其他。但在此之前，每個人總有第一目標。沒有錢和沒有愛的婚姻哪個好？大家可以各自思考，思考才是重點，不思考，就不會有量身訂做的幸福！

回到最初的問題，如果你喜歡胖子，對瘦子一點感覺都沒有，你會因瘦子有一億存款就跟他結婚嗎？有人就回應我，婚後可以用錢把對方養胖啊！

這還真是個聰明又實在的方法。如果你願意用樂觀又充滿信心的

態度去追求，問題就算沒有解決，那種願意拉近彼此距離的、努力的心意仍會感動彼此。

其實愛是個現實鬼，它總是需要不斷的討好和持續的感動才能啟動。它不會因為單一事件就銘記在心。愛是嬌貴的物種，不斷的要錢、要關心、要體諒、要平衡、要分寸，唯有不斷的需要，它才會存活，綻放光芒。

雙面人生不是欺騙

當你刻意隱瞞的事被我拆穿，但我不張揚，
這個體諒就會在你我之間開出一朵花。
讓氣氛有了變化。

你是不是雙面人生的一員呢？有固定的情人，卻有另一個不能透露的感情狀態。不一定是你想的那種外遇，也許是某種癖好，比如SM性虐之愛？或許多數人都是帶著好幾個面具過日子的，但面具畢竟只是一時的表面，雙面人生卻很可能是不可公開的實質需求。

也許你會說，為何不誠實過日子呢？但你覺得現代社會有公道到，什麼事都能開誠布公嗎？就算是光明正大的不想結婚，也會招來龐大的壓力，而且壓力都來自最親的家人。不想結婚都不行了，其他如SM癖好、同性戀、戀物癖……這些行為，只能遁進黑暗裡，過著辛苦隱瞞的雙面人生。

當你發現你的另一半在過著雙面人生，你會怎麼辦呢？如果你還愛她（他），你是不是該假裝不知道？如果你無所謂，是不是更不用拆穿？當我們體會了許多現實的無奈，是不是能將心比心的包容？愛，不就是包容嗎？

如果你要把這雙面想成是欺騙，並把這樣的人生和外遇畫上等號，就是走上了一條分道揚鑣的路。舉個例子，當你發現你的另一半有SM癖好，你會認為他背叛你嗎？還是你可以將心比心，想像自己如果天生有這樣的性格，環境不許你說、也不許你做，你會怎麼處理？

任何人都該被尊重，在面對人性不可改變的狀態時，我們都該學著做個進步的現代人，學著溝通，不要用情緒化的反擊來對待你的愛人。如果真的不和，就該拿出風度，平和的分開，沒有風度，如何談愛？

當你刻意隱瞞的事被我拆穿，但我不張揚，慢慢地，這個體諒就會在你我之間開出一朵花。花，不怎麼特別，但讓氣氛有了變化。感情是被考驗出來的，一旦經過考驗，就會有別人意想不到的相知相惜。那些會在關係裡你爭我奪，你狠我更絕的情侶或夫妻，關係拖得越久就越沒品質可言。粗暴，是愛裡最可怕的破

擁有雙面人生其實很苦。

壞，生活裡卻俯拾即是。

擁有雙面人生其實很苦，如果要改變這樣的觀感，就必須先改變我們的腦袋。不要從對與錯來看人，誰都沒有否定他人的權利。如果連體諒都做不到，不就證明你只是個現實鬼，不合你意就翻臉，不理解別人就將之定罪。

人生如果是一場戲，舞臺上，我帶了面具，穿上戲服，那些妝、那些燈光、那些音樂、那些台詞……你知道都是導演安排的，但我還是能夠以我的賣力、我的能力、我的持續演出感動你。我們都是命運導演的演員，就算服裝再爛，故事再糟，只要演出夠精采，還是能得到滿堂彩。

面具之下才是真相嗎？

不要衝動地去拔下別人的面具，
面具之下不一定是真相，
那選擇戴著面具的心態才是你該追求的答案。

到底，我們是以怎樣的自己，和我們最親近的人相處？是以怎樣的面貌去投身我們要的愛情？

對於「面具」這個辭彙，大部分人都帶著負面眼光，好像戴了面具就是做假、說謊、掩飾、心機，好像每個人都是以真面目示人，好像我們說的話都不曾修飾，表情也未曾表演一般。或許，我們早就深陷看人說話的習慣裡，早就不自覺地戴上了「國王的面具」。

獻殷勤，算不算是一種面具？太過美好的承諾，不是很多人逼著對方帶著面具說出來的嗎？熱戀的初期，當你問對方會不會一直愛你，你期待他能多精準又負責地回答呢？還是你更期待他戴著面具對你說出想聽的話？真要嚴肅論對錯，你們都是共犯，這是個供需關係。

感情決裂時，不想想是如何造成，卻急著拿當初的承諾將人定

罪，再嚴厲的處罰都不一定能消滅你心中的怨氣。一旦相信自己是受害者，就越會戴上受苦的面具，因為戴上就會受到支援，至少在主流價值中是如此。但我們內心深處其實清楚知道，感情的事不該這麼輕易下定論，真正會對我們好的，能讓我們從怨氣中醒過來的，不是真假對錯，而是公道。

你公道，就會立刻感到自己的境界提高了一等，你萬萬沒想到，做到了這點的滿足，竟然能讓自己將不甘心放下。因為你放下的是對他的怨恨，不是放下愛。一般人在這個時刻都是恨之入骨，都是偏袒自己多一點，都以為放下就是認輸，就是慘賠。所以不敢放，緊緊抓著不公道的面具。

人性沒那麼簡單，人在表面之下總會隱藏一些東西。許多複雜的因素多重的交疊，卻要簡單地歸類，就會讓大家活在妥協的表面真相裡。明知這樣的道德標準，很多都已過時或流於形式，很難表裡如一，卻還在追求這個理想，連心態都戴著面具。

既然面具已是不可或缺，不如將面具好好利用。

不管是為了什麼，戴上之前，先問問這次是為了什麼？真的有必要什麼事都為大局著想嗎？比如不用每次出門都要帶著ＬＶ包包，你可以休閒、輕鬆一點看待出門這件事。人生多一點自在，就證明時代又進步了一點。

那你或許會問：為了愛，該戴哪一種面具？

我會說，什麼都可以，最好有趣一點，不要老套。既然要戴上面具，就要戴得好。多樣但不多心，美觀但別美化。愛情的面具志在誘人，可不是騙人，要給人驚喜，就不可能是意料之中。當然，你也要意識到，這是戴面具相處的世界，不要衝動地去拔下別人的面具，面具之下不一定是真相，那選擇戴著面具的心態才是你該追求的答案。

不希望你愛的人為你戴上讓人愉悅的面具嗎？其實過度擔心別人

作假，不但無濟於事，還會擴大擔心。要冒險愛一個人，與其防備對方會不會設局害你或背叛你，倒不如具備某天萬一被騙時，能夠毅然離開他的能力。

面具沒有好壞，它只是個工具，只是人們喜歡仗著對它的偏見，拿去修理人，才給了它對錯。難道面具在好人手上就不是壞事？我寧願說面具就像鞋子，你要多穿幾次才能穿出心得，它可以保護你，不一定會因此傷人。再好的人若不戴面具，人生有多危險啊！一味追求赤裸的真面目，自以為是人生最高境界，這種想法多麼膚淺啊！有時候，真面目是如此不堪且幼稚至極。

面具底下，是陌生又模糊的自己；
面具之上，才是事到如今的自己。

婚姻不是先占先贏

上一代的婚姻也沒有比較幸福，
他們的狀態仍是形式多於實質，
只是礙於傳統壓力，就算在地獄裡也不分離。

有位大四的女同學很氣憤地跟我抱怨，爸媽跟她說，當學生就該專心於課業，談戀愛是畢業後才能做的事。然而，還沒畢業，才大三的她就被安排了四次相親，好像結婚是只要條件看好，根本不需要經歷戀愛過程。

我問她，有跟父母溝通自己的想法嗎？她回答，試過了，但父母給她的理由是，如果不在第一時間挑選，好男人就都被挑完了！

好男人或好女人的標準在哪？說穿了，就是一些表面上的風光，比如男方有無穩定的職業、身體是不是健康、有沒有房子、車子、有沒有顯赫的家世、有沒有照顧長輩的意願……；女方呢？不外乎是不是賢慧、能不能持家、會不會拜金愛玩、能不能生孩子、健康狀態、家世背景等。

當然，有些人仗著自家條件好，會有不合時宜又不尊重人的要求，例如要求對方是處女、要求男方入贅等等，不過，這還算少

數。其實結婚考慮條件並無不合理，即使是交朋友，都會有一些期待和要求，只是這些條件的標準怎樣才能如你所願？標準若訂錯，可能會一失足成千古恨。

有些男人結婚時是個大財主，孰料不到五年光景就家道中落，若遇到這種情況該怎麼解釋？本來身體健康，因婚後亂搞外遇而得了性病，這該怎麼辦？婆媳不和，妻子堅持若婆婆不搬出去，她就要帶孩子回娘家，怎麼處理？如果結婚時要的條件，婚後仍無法帶來保障，甚至引起更多誤會，這條件是不是該修正呢？

過去的年代，男女結婚都不是建立在感情基礎上，大都是為了建立一個經濟的堡壘，女方靠著男方經濟的供養，男方扛起一家的重擔，完全不重視個人的隱私、夢想、感覺、感情、事業和個人空間，而且以不離婚為前提。就算男的有二奶、三奶，就算女的對老公失望透頂，也絕對不離婚，因為婚姻有很大部分是結給別人看的，給父母放心，給自己交代的。

我相信多數人都希望自己的婚姻，是透過戀愛，經過瞭解，甚至有過相處，才決定要不要和這個自認為對的人步入禮堂，沒有這些過程，孩子就會有被父母綁去結婚的感覺。

也許很多父母會說，子女經驗不足又太過感性看待婚姻，但從很多方面看來，上一代的婚姻也沒有比較幸福。他們的狀態仍是形式多於實質，甚至連尊重都做不到，只是礙於傳統的壓力，就算在地獄裡也不分離，可見他們面對婚姻不美滿的態度就是逃避。

其實要在婚姻裡得到起碼的保障，就是獨立。你要有獨立的經濟，才不會因為沒有經濟支柱而恐慌；要有自己的事業和夢想，才不會沒有愛情就失去生活重心。你要有獨立的個性，才能理性的思考並面對問題。無法獨立，只會養成依賴，長期下來，你只會漸漸失去自我。

也許你對父母早已絕望，你甚至明白他們打從心底知道，這樣對

孩子不一定好，但他們更難去面對外界的閒言閒語，以致越來越多婚姻都在做假，結給父母看，然後各過各的。

再次提醒擔心孩子變成剩男剩女的父母們，真要那麼看重婚姻，就該尊重孩子的意願。不管你覺得他們多麼不成熟，要明白，他們已經成年。若還不放心，那證明你在這方面的教育是失敗的。

更何況，你們的婚姻不也是抱怨連連嗎？

摸摸良心，父母真的都是為子女們著想嗎？難道沒有一點私心是為了自己的面子？真的沒有，也不會那麼著急，婚姻又不是搶電影票，先占先贏！

當愛人在婚前遇到新歡

你既要她，又不能不恨她，
就算表面看似做了對大家最好的選擇，
也不表示你關起門後心裡仍這麼想。

婚前遇到另外一個人，她猶豫了，問我該怎麼辦？

感情隨時會轉彎，卻沒人敢公開承認愛是有期限的，所以外遇的人很少不懷有罪惡感。但罪惡感對事情卻少有幫助，除了有一點止步的功能，內心的狀態不一定會好轉。要跟誰一起，必須自己決定，結果是要自己承擔的，沒有對錯，只有要或不要。人生的路途上都在選擇，如果可以，把這件事跟你的未婚夫講開，也可從這件事看出他的為人。

為何人會變心呢？難道忘了責任和道德嗎？都沒考慮過孩子嗎？都那麼自私嗎？然而人不是喜歡條件更好的才去外遇，而是喜歡愛被喚醒的感覺。至於責任和道德，那也必須有愛做基礎，不然空有責任和道德就會很諷刺。

如果你在結婚前發現未婚妻有新歡，你會怎麼做？我們常被道德和責任綑綁著，都不知道、也從未想過，當愛不見時，硬要出軌的那個人負責是多大的殘忍。

在漫長的愛情長跑中，怎麼不讓彼此的關係變得粗糙又不懂尊重？怎麼讓經濟永遠不出問題？怎麼記住愛情是需要偶爾的精心設計？怎麼不過度緊綁並給予足夠的信任？怎麼悟透沒有分離就不會期待再相見的道理？大家總是把愛當作口號，聽見外遇就想辱罵和定罪並到處宣傳，不管往後是否還要在一起，完全不理性地大吵，這樣能解決問題嗎？

不隨便將對方定罪，不是幫外遇者找合適的理由，就算分開了，也不用相逼成仇。女性外遇，男性的反應會更礙於面子而不知所措，你既要她，又不能不恨她，就算表面看似做了對大家最好的選擇，但不表示你關起門後心裡仍這麼想。

這時代的女性，感情世界被大量的談話性節目重視，女性外遇，很多聲音會為女性講話，比如說還不都是學男人的、男性外遇更多、一定是家裡的男人冷落她了……如果網路上有人說是這女性水性楊花，一定會有一群人出來罵他言論不公，痛批男性才是下半身思考。可見女性的自主權已越來越高了。

日本很多夫妻都各自有外遇，但他們仍良好地生活相處在一起。他們甚至知道彼此外面都有人，但不會去過問。專家就指出，不否認有些人是因外遇有了出口而保住婚姻。也許有些夫妻就是性生活不合，但其他部分都非常好。

說到女性外遇人數變多，就有人解讀成女性外遇比男人多，更有人覺得這是在批判女性。難道連外遇都要比爛的嗎？為何面對感情，我們還是忍不住要用傳統那一套，先給人定罪，再為自己找有利的藉口，完全不在乎真相到底是什麼？如此一來當然也不會想更成熟、更進步的去面對問題。

當你發現另一半有了別人，你除了恐懼，更擔憂回來的不是你想

的那個人，於是各種結局各種計算糾纏著你，沒有一樣是確定的，沒有一條路是容易的。外遇是某個圈起來的範圍以外發生了一件事，不執著用對錯來看，你們才有機會各自坐下來談談，平靜地想該怎麼做。

家人需要距離

把怒氣轉成和氣，將壓力變為經歷，
明白走過考驗後的智慧，鞠躬盡瘁，別讓自己受傷。

很多人都會遇到相處困難的家人，怎麼辦？通常不是被逼瘋，就是身心俱疲，這就是很多傳統中國式家庭的災難，以為把大家緊捆在一起才是感情，以為獨立就是冷漠，以為財產分開等於分裂。中國人的家庭說穿了，就是互相依賴，依賴不成，就互相責怪，而且還不懂分開。

家是一個很難講道理的地方，因為在這個封閉的城堡，就算家中有個無惡不做的大壞蛋，你都很難跟他切割關係。許多大企業的老闆都知道，一個企業若要永續經營，就必須懂得風險分散，因為任何蓬勃的行業，都會有低潮，甚至沒落，但多數人家裡卻沒有止血空間。既然緊緊相繫，就只能福禍與共，一個人掉進深淵，也意味著全家人都跟著下墜。

為了分散風險，有人提出夫妻財產應該要分開，但立刻有人會認為那還算是一家人嗎？如果你認為財務各自獨立是一種不信任，萬一你破產，信任能撐得起全家的經濟開銷嗎？硬要把雞蛋都放在同一個籃子裡，再用愛的口號要全家人不要怕，萬一出了事該怎麼辦？這種態度才是最無知的負責，避開問題，盲目擁抱，空談未來。

除了車子、孩子、房子，家人相處的關係也是大問題，這問題的癥結都出在不懂尊重。家，是階級制，長幼有序，責任分工，像個政治體系。雖然新一代的父母都希望能用朋友般的態度和孩子交流，但真正能做到的卻沒幾個。就算孩子已成年，許多父母仍處心積慮地介入他的人生，感情要管，行蹤要管，穿著要管，財務要管……這些不尊重的點點滴滴長期累積下來就變成巨浪，每一次襲來都讓人難受。

有個朋友很苦惱，她女兒不希望爸爸送便當到學校，因爸爸做了讓女兒失望的事，所以要我想想辦法。我傳了簡訊給她女兒：「我是阿德叔叔，妳媽很困擾，對於妳不希望爸爸送便當，我想妳爸爸已感受到妳的不滿了，別對家人太嚴厲，畢竟親情緣分就

家是一個很難講道理的地方。
一個人掉進深淵，全家人跟著下墜。

是那麼深，永遠要給人機會。」

這種看似家庭常見的小糾紛，每一小件，都可能變成讓人心力交瘁的長期病狀。我這朋友都快得憂鬱症了，因為家裡的不和諧，讓她做什麼事都不能定心。孩子很氣爸爸平時不照顧，心血來潮才會想去送便當，便當老是帶些孩子不能吃的東西。是的，她承認問題的源頭都來自丈夫的生意失敗，以及丈夫不成熟的個性。孩子正值叛逆期，她認為沒有穩定的經濟基礎，沒有尊重彼此的態度，想要在這樣的環境長大，若不認命，又如何釋懷？

我把以上這段文字放到微博上，瞬間引起眾人轉載和留言，可見大家都深受其害，卻無力改變，更不知如何整理。

碰到很難相處的家人，怎麼辦？就是一個問題、一個問題來辦。帶著善意的心面對，但不能堅持己見。家人之間，首重「心」能不能在一塊，而非什麼都得綁在一起。也就是說，不能在家中好好相處，就該考慮有距離的相處，家人是老天爺隨機送來的，你無從挑剔，但可以調整距離。不要再講那些「我都是為你好才這麼要求」的老話，做好身教就好，那才是最好的溝通。

給家人多一點空間、多一點尊重、多一點鼓勵、多一點放心、多一點感受、多一點嘗試、多一點獨立……其餘的，能不給就別給。別用錢換關心，別給過度的愛。那些會造成緊張關係的言行都要換個方法，沒有融洽的氣氛，家庭就會變成壓力鍋。有時緣分就是那麼深，深到無法一刀兩斷；別惹他，也別被他惹到，這就是你的功課。把怒氣轉成和氣，將壓力變為經歷，明白走過考驗後的智慧，鞠躬盡瘁，別讓自己受傷。

家人，沒得選。親情，深深淺淺。

別讓你愛的人需要你

為了讓他持續依賴你，你必須被他的需求束縛著，
雖然得到安全感，
但代價可能是他習慣性的不為你多做什麼。

愛上一個人，你可能會一直想盡辦法讓他需要你，甚至依賴你。因為讓他依賴你之後，你那患得患失的心才能平靜……獲得眼前暫時的平靜。但這不是永恆的平靜，為了讓他持續依賴你，你必須繼續被他的需求束縛著，雖然你得到安全感，但付出的代價可能就是你不停抱怨和不停付出，以及他習慣性的不為你多做什麼。

沒有更好的方法讓他需要你嗎？還是你就是愛癮成性，就是忍不住要付出，就是無法控制不付出或少付出一些？就因為你擁有整個社會給你的、巨大的「愛的保護傘」，這種不知分寸且越來越上癮的欲望，才會被稱做是「愛」。

我們這個時代，依然習慣把愛模糊解釋，只要你付出，不管對方感覺好不好，這社會都鼓勵你理直氣壯的跟對方索求回報，如果要不到，對方就可能被看成負心人，而你也好不到哪去，變成一個悲情者。

所以愛一個人，愛到什麼事都想幫對方做盡的心態，後果是很可怕的。慢慢的，你會越付出，越沒有安全感，甚至連別人幫你做生活上的一些日常小事都不行。其實想讓別人依賴你，最簡單的方法就是討好他、寵他，就是卑微。但這些行為的後果都不太好，你會漸漸失去自我，沒有原則，沒有尊嚴。

不讓我們愛的人獨立，最後你也會變成依賴他的人，一旦失去他，你會恐懼、會空虛，你會變得無趣。

依賴的缺點就是生命沒有活力。

長期下來，付出的人不停付出也不停抱怨，被付出的人越來越懶也失去能力。這樣一來一往，生活圈相互糾纏又互相抗拒，最後兩人都失去原來的自己，感情只剩下永無止境的叮嚀，沒什麼神祕的感性。

或許你會反問，不論是親子、情侶、夫妻，兩個人既然要在一起，為何還要獨立？

如果你想擁有豐富又多元的人生，你就不可能不獨立。例如，你的思想要獨立，對談才會有深度，不會淪於一面倒的對話；你的生活起居要獨立，當有人倒下時，另一伴才能幫忙照顧；你的情感要獨立，不要不知對方去哪裡就心慌意亂，這樣只會帶給別人極大的壓力。

在感情世界裡，沒有短暫的分開，就不會有相聚的喜悅；沒有輕鬆的氛圍，愛就會從輕盈的陪伴變成沉重的責任。

可能許多人對「獨立」都過度擔憂又偏執看待，以為獨立就是不來往，認定獨立之後就會同床異夢，所以會查勤，會永無寧日的不放心。但難道你會對你最愛的朋友不放心到這種程度嗎？這麼糾結的情緒，這麼黑暗的猜忌，一旦變成慣性，那是多麼難以忍受的折磨啊！

生活習慣或價值觀差太遠的人，就算相愛到瘋，相處仍會是重大困難。這時若不能尊重彼此的不同，不了解過度強硬的改變對方只會造成慘烈碰撞……那種緊緊糾纏的不讓不離，很快就會成為感情關係最普遍的悲劇。

很痛，很怕，越親密的人，傷人總是越重。

想想媽媽若跟你說：你大了，媽媽也老了，你要快快獨立起來，讓我輕鬆。

想想你的另一半若能跟你說：我只要你偶爾需要我，其他的時間你要快樂輕鬆的活，不要把你的人生全塞滿照顧我的行程，我要你在你的逐夢路上，累的時候呼喚我，我要你見到我都是愉悅的，沒有累，沒有怨。

這樣的伴侶不是比較好嗎？

不管跟誰相愛相處，我們的責任就是要讓對方想到我們就輕盈愉悅，不然就只會往幸福的反方向走，變成一趟恐怖的旅程。

另一半未必是老伴

養兒防老是對自己最不負責的一廂情願。
尊嚴和實力才是你的老伴，其餘就不要再多想了。

你的老伴，不一定是你現在的另一半，你覺得機率有多大？

當你們的婚姻在晚年之前結束，你的老伴就會換人做看看，對不對？

可曾想過你理想中的老伴需具備怎樣的條件呢？

如果老年之後，兩人之間的性事已不那麼重要，有考慮和幾位同性的姊妹（或兄弟）一起過嗎？把傳統對你耳提面命的框框全拆了，超越道德（真實才是值得追求的道德）、超越法律（不要再依賴法律來保障你的愛）、超越自我。不要以自我為中心去看待你的感情王國。感情裡稱王總是很孤獨，何苦呢？

不過尋找老伴之前，你也不能毫無準備就開始。首先，千萬別滿腦袋只想把自己晚年的孤單病痛全賴給對方，更何況，照顧一個年輕力壯的男人和孱弱身軀的老人是大大不同的，光想像那畫面的差別，就夠驚心動魄。到那時，兩人的體力和心力都需別人照

顧，哪能天天手牽著手逛公園。解決這問題唯一的方法，就是一個真材實料的養老計畫，有錢才有尊嚴，養兒防老是對自己最不負責的一廂情願。

養兒，本身已經是很美妙的經歷了，為何還要給自己和孩子那麼大的期望負擔呢？萬一孩子自顧不暇呢？只有不帶負擔給孩子的人，才能吸引孩子主動探望。此外，你是不是有能和家人相處融洽的個性更是重要，強迫到場的親情其實很殘忍，沒有和諧，家人的相距就容易制式化。

老了，有很多事可以做，你只是從上個階段退休，並不是放下一切，準備從生命中就寢。你該對自己有新的想像、新的定位，即使要當個老人，都要讓自己提升和滿意。

人生走一遭，幾十年下來，你會領悟許多事，雖然有很多領悟仍不能光明正大地提出和實行，因為我們有很多過時的傳統、法律和道德仍霸道得不知變動。也就是說，你可以選擇認命和屈服，也能勇敢的活出自己。活著，若不能活出自己，那是很辛苦的一趟旅程。

你可以抓緊最後的時光完成你的夢想，重新做學生，到世界各地旅行，完成你的創作計畫，投入更有創意的慈善活動，或者談戀愛，或者做個與世隔絕的禪思者……不管做什麼改變和冒險，大家都要懂得尊重。

有個老人退休後，拿了一部分退休金，興致勃勃地想開間店，結果家人和朋友都潑他冷水，說他想得太美，要他不要被騙。我們總是以自己的安全準則去看待別人的夢想，哪個夢想沒有風險呢？所以大人常會限制孩子很多雖不成熟，但很有意思的想法，沒想到，連老了的時候，也會被這樣對待。唉，活到老，若只是想安全這件事，還真是越活越制式化。

老了之後，最會限制你的人可能就是最愛你的家人，他們會給老人畫很多限制，好像你是個幼兒，怕你受傷，怕你受騙，怕你晚節不保，怕你失去掌控。但這些都是以愛為名的過度擔憂，如果人活到老是這麼不被尊重，那又有什麼意思呢？

命中注定的老伴是誰，不到老是不會知道的，能白頭偕老的夫妻已不多了，不多不表示命不好，而是漫長的牽手旅程變數太多。口號式的恩愛除了說給別人聽，也隱藏你對愛只是表面滿足的需求。愛很現實，占有和享有是兩個世界，你要好好思考。

不要再為別人活了，很多為別人活的真面目都是假的，那都是為了一種傳統的主流價值在賣命，一旦有了這麼用力的使命，奉獻和犧牲就很輕易地掛在嘴上，完全不會想到被你付出的人的感受。老了，還要這麼固執的話，恐怕晚年跟你生活在一起的人都很難受。

好好重視自己的需求，好好培養自己的魅力，不然你就會是個丟給誰都多餘的老人。與其逼著孩子和你緊綁在一起，不如放開他們為自己規劃一個獨立的生活空間。獨立不會讓你不受歡迎，把什麼都賴給別人的依賴反而是最危險的。

不要把錢都留給孩子。尊嚴和實力才是你的老伴，其餘就不要再多想了。

不寂寞，也不愛情

作　者—許常德
插　畫—陳硯詠
主　編—陳信宏
責任編輯—葉靜倫
責任企畫—曾睦涵
封面設計—我我設計工作室 wowo.design@gmail.com
版面設計—張瑜卿
校　對—邱韋霖、謝惠鈴、葉靜倫

總編輯—李采洪
董事長—趙政岷
出版者—時報文化出版企業股份有限公司
一〇八〇一九　台北市和平西路三段二四〇號三樓
發行專線—（〇二）二三〇六—六八四二
讀者服務專線—〇八〇〇—二三一—七〇五・（〇二）二三〇四—七一〇三
讀者服務傳真—（〇二）二三〇四—六八五八
郵撥—一九三四—四七二四時報文化出版公司
信箱—一〇八九九臺北華江橋郵局第九九信箱

時報悅讀網—www.readingtimes.com.tw
電子郵件信箱—newlife@readingtimes.com.tw
時報出版第二編輯部臉書—http://www.facebook.com/readingtimes.2
法律顧問—理律法律事務所 陳長文律師、李念祖律師
印　刷—盈昌印刷有限公司
初版一刷—二〇一二年十月十九日
初版十八刷—二〇二〇年八月十三日
定　價—新台幣二五〇元

時報文化出版公司成立於一九七五年，
並於一九九九年股票上櫃公開發行，於二〇〇八年脫離中時集團非屬旺中，
以「尊重智慧與創意的文化事業」為信念。

不寂寞，也不愛情／許常德　著
初版. -- 臺北市：時報文化, 2012.10
面；　公分. --（許常德作品集；2）

ISBN 978-957-13-5666-2（平裝）
1. 戀愛　2. 婚姻　3. 外遇

544.37　　101019774

ISBN 978-957-13-5666-2
Printed in Taiwan

【時報悅讀俱樂部】會員邀請書

要！我要加入【時報悅讀俱樂部】（請勾選）

□ 悅讀樂活卡（入・續會）$2800

□ 悅讀輕鬆卡（入會）$2800　□ 悅讀輕鬆卡（續會）$2500

□ 悅讀學生卡（入會）$1200　□ 悅讀學生卡（續會）$1000

＊選書方式：任選時報出版單書定價500元以下及其他家出版社 300元 以下好書。

＊相同書籍限2本，每次至少選2本以上（含）

＊信用卡請款通過後，立即免運費寄出贈品及選書

＊免費宅配或郵寄到府

以下是我的個人基本資料：

姓名：____________________________

性別：□男　□女　婚姻狀況：□已婚　□未婚　生日：民國___年___月___日（必填）

身分證字號：____________________________（會員辨識用，請務必填寫）

寄書地址：□□□ ____________________________

聯絡電話：（O）____________（H）____________ 手機：____________

e-mail：____________________________

（我們將藉此通知您最新的重要選書訊息，請填寫能夠確定收到信函的信箱地址）

閱讀偏好（請填1.2.3順序）：□文學□歷史哲學□知識百科/自然探索□流行/語文□漫畫□生活/健康/心理勵志□商業

※我選擇的付款方式：

1. □劃撥付款　劃撥帳號：19344724　戶名：時報文化出版公司（請直接至郵局填寫劃撥單，並在劃撥單上註明您要加入的會員卡別、金額、贈品及個人資料，包括：姓名、地址、聯絡電話、生日、身分證字號）
2. □信用卡付款

信用卡別 □VISA　□MASTER　□JCB　□聯合信用卡

信用卡卡號：____________________有效期限西元 — 年 — 月

持卡人簽名：____________________（須與信用卡簽名同字樣）

統一編號：____________________

※如何回覆

傳眞回覆：塡妥此單後，放大傳眞至（02）2304-6858 時報悅讀俱樂部24小時傳眞專線

●時報悅讀俱樂部讀者服務專線：（02）**2304-7103**

週一至週五AM9:00~12:00 PM1:30~5:00